I0566819

DISCLAIMER

The author and publisher are providing this book and its contents on an "as is" basis and make no representations or warranties of any kind with respect to this book or its contents. The author and publisher disclaim all such representations and warranties, including but not limited to warranties of merchantability. In addition, the author and publisher do not represent or warrant that the information accessible via this book is accurate, complete, or current.

Except as specifically stated in this book, neither the author nor publisher, nor any authors, contributors, or other representatives will be liable for damages arising out of or in connection with the use of this book. This is a comprehensive limitation of liability that applies to all damages of any kind, including (without limitation) compensatory; direct, indirect, or consequential damages; loss of data, income, or profit; loss of or damage to property; and claims of third parties.

This Book Comes With Free Bonus Puzzles

Available Here:

BestActivityBooks.com/WSBONUS20

5 TIPS TO START!

1) HOW TO SOLVE

The Puzzles are in a Classic Format:

- Words are hidden without breaks (no spaces, dashes, ...)
- Orientation: Forward & Backward, Up & Down or
  in Diagonal (can be in both directions)
- Words can overlap or cross each other

2) ACTIVE LEARNING

To encourage learning actively, a space is provided next to each word to write down the translation. The **DICTIONARY** allows you to verify and expand your knowledge. You can look up and write down each translation, find the words in the Puzzle then add them to your vocabulary!

3) TAG YOUR WORDS

Have you tried using a tag system? For example, you could mark the words which have been difficult to find with a cross, the ones you loved with a star, new words with a triangle, rare words with a diamond and so on...

4) ORGANIZE YOUR LEARNING

We also offer a convenient **NOTEBOOK** at the end of this edition. Whether on vacation, travelling or at home, you can easily organize your new knowledge without needing a second notebook!

5) FINISHED?

Go to the bonus section: **MONSTER CHALLENGE** to find a free game offered at the end of this edition!

Want more fun and learning activities? It's **Fast and Simple!**
An entire Game Book Collection just **one click away!**

Find your next challenge at:

BestActivityBooks.com/MyNextWordSearch

Ready, Set... Go!

Did you know there are around 7,000 different languages in the world? Words are precious.

We love languages and have been working hard to make the highest quality books for you. Our ingredients?

A selection of indispensable learning themes, three big slices of fun, then we add a spoonful of difficult words and a pinch of rare ones. We serve them up with care and a maximum of delight so you can solve the best word games and have fun learning!

Your feedback is essential. You can be an active participant in the success of this book by leaving us a review. Tell us what you liked most in this edition!

Here is a short link which will take you to your order page.

BestBooksActivity.com/Review50

Thanks for your help and enjoy the Game!

Linguas Classics Team

1 - Antiques

```
H Z E G S U E P I Y J C Z T
J A A X C K Y R A J Q H A Z
Q Z V Z A H K I I H O I K O
Z A H A S A O C I N G K H K
A M O K T L G E Y E Z O A O
K B B A E I N A E E A N L N
I I M Z R D E R L U K G I G
T R A A E W T E A L A O D O
I I P K W E M N K A E K W L
H R I A B U Z E A V H R E A
C E M N U C E Y I X E K Y K
O Z L O K E M O D N O D N O
W W O C J H U Z Q W D P X D
M N K H A N I D Q M P M A I
```

ART	GALLERY
MNKHANI	NDONDOMEKO
ZOYENERA	AKALE
ZAKA ZAKA	PRICE
KODI	UKHALIDWE
ZAKA	KUBWERETSA
ZOKONGOLA	CHIKONGO
ZAKHALIDWE	MTENGO
WOCHITIKA	ZAZAMBIRIRE
MIPAMBO	VALUE

2 - Food #1

```
S  I  T  I  R  O  B  E  R  I  U  Y  L  S
A  N  Y  E  Z  I  T  O  K  I  R  U  P  A
K  Q  R  E  T  U  R  N  I  P  S  C  D  L
A  Y  R  E  L  X  U  M  I  D  N  A  M  A
K  X  V  A  A  A  G  L  N  F  Q  K  I  D
M  O  F  D  W  V  B  I  O  Q  E  V  A  K
M  T  U  N  D  U  U  S  M  A  D  Y  O  A
S  G  F  T  M  I  C  A  A  T  B  H  P  R
A  R  Y  A  O  N  N  B  N  M  U  P  L  O
A  R  Z  J  L  Y  V  I  N  C  R  N  Q  T
S  I  P  I  N  A  C  H  I  H  J  K  A  I
F  U  L  H  U  J  Y  W  H  E  O  L  A  C
S  H  U  K  U  K  A  E  C  R  H  B  D  A
P  E  A  N  U  T  O  D  P  E  T  G  B  K
```

APURIKOTI	PEANUT
BALEY	PEYALA
BASIL	SALAD
KAROTI	MCHERE
CHINNAMONI	MSUU
ADYO	SIPINACHI
MTUNDU	SITIROBERI
MANDIMU	SHUKUKA
MKAKA	TUNA
ANYEZI	TURNIP

3 - Exploration

```
X M Z K F U N S O Q B E B Z
F I U O U Q S H E A B D L O
P G D D J P E V M J Y E D P
Y O O R E N E N I H C M H A
T E R R A I N Z W T T A R N
K U L E N D O R E Q L L B D
W U Q Q N X B M A K Q O V A
M A T I H C O Z I S A T T W
C U K O N A P O S T A H C G
O E Z U P P O S A D Z I W A
F T J M T A R I B M A Y O Z
R T E W D I L A H K I H C O
N Y A M A R I Z N U H P U K
J T L C K U S I N T H A B D
```

ZOCHITA	CHATSOPANO
NYAMA	ZOYAMBIRA
CHIKHALIDWE	FUNSO
KUSINTHA	MALO
KUPEZEKA	TERRAIN
WAKUTI	KUPHUNZIRA
KUTOPA	ULENDO
ZOPANDA	OSADZIWA
CHINENERO	

4 - Measurements

```
O U W L N D K U L E M E R A
D U K H X R E T E M O L I K
I K N O S E M C W F B S S A
G I C C R T I H I Y N F A R
I L Q K E E N E D M V P M L
R O V U T M U G P V A F R I
I G O B E K T B Y T E L E T
D R L W M U E B O X G T T E
T A U I I S L V L T Z Y W R
O M M R T I K E O I Z E Y Q
N R E I T N T O N F G R A M
H X C R N T S S M G I N C H
K I O A E H I I Q E T K K J
W L T A C A M A Z U K H J V
```

BYTE   LENGTH
CENTTIMETER   LITER
DECIMAL   MASI
DIGIRI   METER
KUZAMA   MINUTE
GRAM   OUNCE
KUSINTHA   TON
INCH   VOLUME
KILOGRAM   KULEMERA
KILOMETER   KUBWIRIRA

5 - Farm #2

```
C H I P A T S O M L L A M A
Y T I Z B M W T D L C N Q K
A G N A M I H C E Z I F W A
U M R H A N K H O S A M S K
E R A A S O R C H A R D I M
V G B C A K U T H I R I R A
I T D N M A K T O A W P U M
H X A M A Y N A I W Z J P A
E T F L W D H W B R M E O D
E L T U A U V Q A F I S L Z
B A L E Y K E F K Z C G E U
P O V J C A A K H P O I U L
M F L Y I H A L A S U B M O
F M V E L C L V A H S L L X
```

NYAMA
BALEY
BARN
BEEHIVE
CHIMANGA
BAKHA
MLIMI
CHAKUDYA
CHIPATSO
KUTHIRIRA

LLAMA
MADZULO
MKAKA
ORCHARD
NKHOSA
M'BUSA
TALAKALA
MASAMBA
TIRIGU

6 - Books

```
W H X E J Y W N U C K Z Z D
K O K H A L I D W E U O O Z
I Y T I L A U D A U S Y L O
N R X S E P I C M G O E E S
A O I R I B M A Z X N N M A
H H V G O R T E G Z K E B N
K T H E N D I H P O H R A G
N U B L L M U Z V W A A Y A
L A Z X N I R M A A N J M L
O W E R E N G A U T I U E A
Z O C H I T I K A S T B T T
U E M E G T S U C A S J S S
O E T S A M B A G L A S I A
A N D A K A T U L O D R F L
```

ZOCHITIKA
AUTHOR
KHALIDWE
KUSONKHANITSA
DUALITY
EPIC
ZA MBIRI
ZOSANGALATSA
ZOLEMBA

WOTSIRIZA
NOVELI
TSAMBA
NDAKATULO
OWERENGA
ZOYENERA
NKHANI
ZOWATSA
MAWU

7 - Meditation

```
K C M V I U T A E G Y P N T
C U H T B J Z N Z A O K Y A
H K Y I E S N O Z W R Z I W
I U D A M N W U J A I O M I
F L E M M W D K L N L C B Z
U A Y U W I E E G I A H O D
N N K P U C K M R F G I P U
D D I U F I V I W E N T M K
O I I K A O A F R E I A W U
U R E B O Z I G N A L A M Y
D A Z O K V C J B O A J D E
D Z I W A N I I Z I M T A N
M A G A N I Z O F A M N W D
E M D W F O Y C H E T E V A
```

KULANDIRA	KUDZIWA
GAWANI	M'MALINGALIRO
KUPUMA	MALANGIZO
DZIWANI IZI	KUYENDA
CHIFUNDO	NYIMBO
ZONSE	MTENDERE
KUYAMIKIRA	KUONA
ZOCHITA	CHETE
CHIMWEMWE	MAGANIZO

8 - Days and Months

```
M X L M P E E I Z F L M B L
C L M A I E Y R P E O A K A
R H U Y D Z B P W B L R L M
M C A N M W E Z I R E C V U
I W G K G M X B T U M H Z L
I S G W A U M W Y A B I P U
S E P T E M B E R R A J Z N
O K J A N U A R Y Y L U J G
C J A U N A S I H C A L O U
T J Q L A U G U S T C M E Q
O Z X W E U T A T I H C A L
B O T N L N Y A U T I O R P
E A P R I L D A Y N N T S F
R K M U V F D A M H A S T W
```

APRIL	LOLEMBA
AUGUST	MWEZI
KALENDA	OCTOBER
FEBRUARY	LACHITATU
LACHISANU	SEPTEMBER
JANUARY	LAMULUNGU
JULY	LACHINA
MARCH	MLUNGU
MAY	CHAKA

9 - Energy

```
G Z N T C H I T O Z I E K E
O A M J N W B V D O N N A N
P H K F L Q Y S I W D T B G
E A U T V T T R Z O U R O I
H R Y P H O T O I N S O N N
P O I C M H F Y L J T P A E
M J Y O R H G P O E R Y N N
A I A R E H C U K Z Y A I I
F N N M O T O R Z E K O O L
U I I D P P C J I D F Y F O
T U T H Z O M Q R W E H H S
A Z S N I I R I T A B P A A
R Q A K R I K Y W M F K X G
R A E L C U N O R T K E L E
```

BATIRI
KABONANI
DIZILO
ELEKTRON
ENGINE
ENTROPY
DZIKO
MAFUTA
GASOLINE
KUCHERA

ZA HAROJINI
INDUSTRY
MOTOR
NUCLEAR
PHOTO
KUYIYANITSA
ZOWONJEZEDWA
NTCHITO
MPHEPO

10 - Archeology

```
K T S J R Z Y E R A O K J E
M A E T V P W E K L S M L X
F L T M J H D X H A A V L K
N A D S P A B O K W D K F T
S L X V W L K S I I Z U P W
H A R Z N I E R B Y I Y I E
L G E W R H R L E A W E Z C
B N K U H T N I Z L A S I G
L A M A F U P A U W I A D T
L S C H I N S I N S I C U U
O U U W O F U F U Z A E K K
P K W O T S I T S A T Y W U
A K A L E M A N D A E C A L
F O S S I L Z O P E Z A V U
```

KUSANGALALA	FOSSIL
AKALE	ZIDUKWA
MAFUPA	CHINSINSI
TUKULU	ZINTHU
WOTSITSA	RELIC
ERA	WOFUFUZA
KUYESA	TEAM
KATSWIRI	TEMPLE
ZOPEZA	MANDA
AYIWALA	OSADZIWA

11 - Food #2

```
Z I T E Q N I R E H C T M P
T I R I G U K F G I P U P A
S C L B D T L H G O X K U P
E H Y O E Y R Z O U A O N U
L O O S K D W O D S W H G L
A K G T P O M X Z W A C A O
R O U A K G R T O M A T O S
I L R H K K K U V J B I W I
Y E T P U A I K B N M T E W
K T X M G B M U N Z O A D I
M I N T H O C H I W S N S K
B O W A I P M K Q R N A P P
C H E E S E B N E K D V Y F
B I R I N G A N Y A Y T Q Q
```

APULOSI	BIRINGANYA
ATITCHOKU	NSOMBA
NTHOCHI	MPHATSO
BUROKOLI	NKHOSA
SELARI	KIWI
CHEESE	BOWA
TCHERI	MPUNGA
NKHUKU	TOMATO
CHOKOLETI	TIRIGU
EGG	YOGURT

12 - Chemistry

```
S E C E C G I N A N O B A K
Q M G L K H E P G A W M Q U
U E O R V B L S H M K C W C
W U V Y K S M O I P C H N H
A L K A L I N E R G T E U U
O U R J A A I U T I X R C L
K K E N N Y M E K F N E L U
U U S A J D W U R D I E E K
C K D I Z I N T H U O O A A
H E B K G C V I H E N Y R B
E L S E H A L I Q U I D Q Z
R O D E E S N O R T K E L E
A M W I G K C I N A G R O O
I C A T A L Y S T T Z R B D
```

ACID
ALKALINE
KABONANI
CATALYST
CHLORINE
ELEKTRON
ENNYME
GESI
KUCHERA

ION
LIQUID
ZINTHU
MOLEKUKULU
NUCLEAR
ORGANIC
OKSIGANI
MCHERE
KUCHULUKA

13 - Music

```
N I J H F A Z E U A V K R W
B A L L A D T I N A N O H O
U O B E L E T E N W Q O Y Y
Q H Y G A C K Z M Y H V T I
L Y R I C A L T U P I N H M
G G J M I H M N B C O M M B
M F Z N S V Z W L H E Y B A
H Y W U S R S Z A I X I M O
N D A K A T U L O Y E M M Y
M O R S L H R K I A C B Z U
A L E N C J O Z N M T A U P
C E P O N O H X N B I N C Z
L M O S Y H C Q D I C I R L
K U K H A L I T S A M A W U
```

ALBUM	ZINYIMBO
BALLAD	OPERA
CHORUS	NDAKATULO
CLASSICAL	KUKHALITSA
EXECTIC	RHYTHM
ONANI	YIMBANI
CHIYAMBI	WOYIMBA
LYRICAL	TEMPO
MELODY	MAWU

14 - Family

```
C M M A G O G O B M A B U A
N M B W E W A I Y A M T W R
W Q Z U A N A D O K N A Z I
T I L A Y M S H F O H E N I
N I C E L A U Z S L M O S J
U Y R T Q A W N I O E U E G
A A M A L U M E A M B U T I
D M G T M W A N A B G I U T
V A N A W U D Q U T A Z X R
X J L H F I R T L M B A L E
N E H Z A O L C V V D K X T
G M R K F O U K U G F M A S
O U M Z U K U L U O J O V I
B Q U Z S J L U Q U O X Q S
```

MAKOLO	MZUKULU
AUNT	MWAMUNA
M'BALE	AMAYI
MWANA	MAYI
UWANA	MBUYA
ANA	NICE
MZALA	BAMBO
MBUTI	SISTER
ATATE	MALUME
AGOGO	MKAZI

15 - Farm #1

```
F W T T L D W M W S S R B U
E T Q W F S L G L V T A I L
R V C M E B L T B C S E S I
T D A L A Q H T N T V M O M
I B T B M Q Y A H K P T N I
L N G O M B E L T I H G D H
I Z D A M K I A D C M U E C
Z B E E A O B W V F H A K U
E K M Q U L U G H T B I M U
R Q P Z L A D N A P M Z B S
K B U X U M N A G E T U E N
I G N X B W V W T A A B W X
S O G J Y O N H B F L M U M
K Q A N B A I K J Q D U L F
```

ULIMI	FERTILIZER
BEE	MALO
BISON	GULU
CAT	MBUZI
NKHUKU	HAY
NG'OMBE	UCHI
KHWANGWALA	HATCHI
GALU	MPUNGA
BULU	MBEWU
MPANDA	MADZI

16 - Camping

```
Z O S A N G A L A L A S C L
O C U V F I Y U M E A V F Z
F N S O N R P L T V J W J P
K C T I Z I N Y A M A T A O
C P A M G H H C D H T M Q G
O O A B A P G R A T N E T X
M M X Z I T O H C N V Q U D
M W W O G N A H T N O T O M
A Z E P U K B G O G N E T M
H B G Z B E R I X W C G P T
D H A K I T I H C O Z B R Z
N Y A N J A C H I N E N G A
C H I L E N G E D W E C T N
C O M P A S S N Y A M A G S
```

ZOCHITIKA	KUPEZA
NYAMA	TIZINYAMATA
CABIN	NYANJA
CANOE	MAP
COMPASS	MWEZI
MOTO	PHIRI
NTHANGO	CHILENGEDWE
ZOSANGALALA	CHINENGA
HAMMOCK	TENTA
CHOTI	MTENGO

17 - Algebra

```
Z Z Z O W O N J E Z E R A A
A G O R E Z O S A V U T A V
B F A S T O H C U K H W V A
O C W X I R T A M V U T O Z
D H A H Q N P E W U L A N I
Z I G M C C T I G P L L B D
A F I G I A K H N C U U P N
J U H B Q N A O A Z H M D A
P K C K U G A W A N A R J H
P W E X P O N E N T D O I T
R A M A K O L O I Q B F N O
X G Q B P X D I A G R A M Z
M L I N E A R E B M U N E J
E Q U A T I O N G R J D O C
```

ZOWONJEZERA	LINEAR
DIAGRAM	MATRIX
KUGAWANA	NUMBER
EQUATION	MAKOLO
EXPONENT	VUTO
CHIFUKWA	PEWULANI
ZABODZA	ZOTHANDIZA
FORMULA	KUCHOTSA
CHIGAWA	ZOSINTHA
ZOSAVUTA	ZERO

18 - Spices

```
Y  L  I  C  O  R  I  C  E  B  A  G  U  J
P  A  P  R  I  K  A  F  L  A  V  O  U  R
Y  C  K  Q  X  R  E  D  N  A  I  R  O  C
B  B  H  R  W  L  S  E  C  U  M  I  N  V
J  P  O  I  O  Q  I  N  R  A  D  Y  O  A
Z  L  F  V  N  E  N  Y  T  G  Z  V  F  N
H  E  A  G  S  N  A  M  X  C  U  Z  G  I
A  N  Y  E  Z  I  A  O  G  U  H  N  P  L
M  N  R  K  L  Q  W  M  I  W  G  I  E  A
C  E  R  A  A  S  A  A  O  L  F  V  T  F
H  F  U  L  N  Z  W  D  Y  N  X  H  R  O
E  H  C  O  J  G  O  R  G  J  I  U  M  J
R  T  D  V  C  F  Z  A  M  O  K  O  R  R
E  F  F  E  B  Z  M  C  O  G  B  C  K  J
```

ANISE	FLAVOUR
ZOWAWA	ADYO
CARDAMOM	NTCHITO
CHINNAMONI	LICORICE
KALOVE	ANYEZI
CORIANDER	PAPRIKA
CUMIN	MCHERE
CURRY	OKOMA
FENNEL	VANILA
FENUGREEK	

19 - Universe

```
V T I L T M A S T E R O I D
M W E Z I H D R T Z W W P F
R M T I M E C I T S L O O S
O A K E N O O Z M A L V Z H
T L L E K I T U K A Y N A O
A O W O N C S J M D N P M R
U A P D S C T Z W K J V W I
Q A Y L O N G I T U D E A Z
E M U X C D Y W K V J C M O
S K Y W A N Y A M A T A B N
H T L K M L A G Y W P M A P
Z O D I A C A J A B F I Z G
Q I P X D Z T G Q O T T M D
T E L E S I K O P U N M Z H
```

ASTEROID	MWEZI
WANYAMATA	MALO
NYAKUTI	SKY
MTIMA	SOLAR
ZAMWAMBA	SOOLSTICE
MDIMA	TELESIKOPU
EQUATOR	TILT
GALAXY	ZOONEKA
HORIZON	ZODIAC
LONGITUDE	

20 - Mammals

```
J A N K H O S A X M X G Y D
E B M O G N N L L M O N Y O
Q E R L O J Y I U I F B V F
G A L U C O A N X K R O M N
D Z O H E V M A B S A O K K
K O O Q W U W M U G O G G U
A V L J A Y A H X O P N I M
O T V P U I M B A C M A C B
C A T K H S B E Z T J K T U
P J B N R I A A E W C M C E
K A L U L U N V B D B H Z V
U V R Q C A R E R Q K Q I B
I X L I T D F R A K O F Y R
K A N G A R O O C O Y O T E
```

BEAVER	HATCHI
NG'OMBE	KANGAROO
CAT	MKANGO
COYOTE	MONYO
GALU	KALULU
DOLPHIN	NKHOSA
NJOVU	NYAMWAMBA
FOX	NKUMBU
MANILA	ZEBRA
GORILA	

21 - Restaurant #1

```
T Q A X S S E R T I A W M Z
N K H U K U M R W E S K A O
M T O U N S A E L H T E L K
K P W C M K A T E A E B A H
R I E R W W I T X R R R N U
Y F U N E M P Q X U E R G D
C O A Y D U K A H C W Z I Z
I H G L R E H S A C B E Z A
Y K I T C H E N M S U U O L
V O Y V S Z F I I C K K P F
Z O T S A T I R A K B U X F
Z O T H A N D I Z A P B Z A
N Y A M A M B A L E C A K V
C E G A U H L M K R K M N U
```

MALANGIZO
MABUKU
MKATE
CASHER
NKHUKU
KHOFI
ZOTSATIRA
CHAKUDYA
ZOTHANDIZA
KITCHEN

MPENDE
NYAMA
MENU
NAPKIN
MBALE
KUBWERETSA
MSUU
ZOKHUDZA
WAITRESS

22 - Bees

```
Z Z O S A V U T A H W K O O
M U L U N G U Q M I A T R G
M A L U B A M R A V X L W P
L Q U E E N J O J N T R F I
V U P D T H X T A I B A H
X G T F S I N A T U S O Q B
C Y Q U O A A N A Y I S U K
H R Z H Z D P I U L X T G F
A F M O S S O L B C S A J Y
K T F P M R N L N I H P O V
U X V Z G E H O P N C I Q P
D D Z U W A R P H A M H Z V
Y M U N D A F A Z Z N C M O
A Z N N O E C O S Y S T E M
```

BLOSSOM	UCHI
KUSIYANA	ZOMERA
ECOSYSTEM	MULUNGU
MALUBA	POLLINATOR
CHAKUDYA	QUEEN
CHIPATSO	SUTANI
MUNDA	DZUWA
HABITAT	ZOSAVUTA
HIV	WAX

23 - Photography

```
K T A E C A R E N E Y O Z A
U U E H K D C O L O R J G Z
W O M Z O U H T N I H C E Q
I N A N O K F Z O O N E K A
R A R E M A K W F O R M A T
I D F E D W O R I Z N U H P
R M D I M A I D K R Y S T D
A T A N T H A U Z O I S N A
C H I S O N Y E Z O N T I X
M I T H U N Z I X X N J S D
C H I T H U N Z I X B O U A
Y L B Y D S H M A N O U K V
G V Q Y W K W U S A M D D V
C O M P O S I T I O N Q A A
```

WAKUDA	KUWIRIRA
KAMERA	CHINTHU
COLOR	KUONA
COMPOSITION	CHITHUNZI
KUSINTHA	MITHUNZI
MDIMA	KUFWIRITSA
TANTHAUZO	PHUNZIRO
CHISONYEZO	ZOYENERA
FORMAT	ONANI
FRAME	ZOONEKA

24 - Weather

```
M U T A W A L E Z A M U T W
T K I C E G F P B Z E R P T
O K U P I A G C H I L A L A R
R H M L O G Z M M W X L Y D
N A U T U I V V T I D O A Z
A L F P A W S K Y I W P U I
D I U Z K M A L U V M G M W
O D N P J N B M P O D A I A
S W G F F G K O K F Q A T N
N E U E J R U P U U W E S I
O L R G E B V E Z W L H A I
M Q A K U L U H C U K U G Z
Z H Q L A C I P O R T E Y I
B I N G U X S M D M X H U N
```

MTIMA	MONSO
DZIWANI IZI	POLAR
KHALIDWE	UTAWALEZA
MTAMBO	SKY
CHILALA	MPHEPO
YAUMITSA	KUCHULUKA
UFUNGU	BINGU
MKULU WAMKULU	TORNADO
ICE	TROPICAL
MVULA	

25 - Adventure

```
C H I K H A L I D W E L V T
Z O C H I T A M U L E N D O
K O M A N S O N W H D M U Z
Q V R B O I D J G A A S V H
S C C X C V J I S L Y O M Z
K H H W L O D R C I V I T N
U I I Y R M G A D N E Y U K
K M T A R E K E Z N O K U K
O W E W B M A U L E N D O E
N E T A Z W W M W A I Q O D
G M E E W D E G N E L I H C
O W Z O H G L N G R V I I D
L E O A S P O O Z R W Q Q Y
A T U V O Z K K C I S I O T
```

ZOCHITA	NJIRA
KUKONGOLA	CHIMWEMWE
MWAYI	CHILENGEDWE
ZOOPSA	KUYENDA
KOMANSO	MWAI
ZOVUTA	KUKONZEKERA
CHIKHALIDWE	CHITETEZO
ULENDO	MAULENDO
ABWENZI	

26 - Sport

```
M O L P P P M K U T H A O K
E K Q Z A Z P U I O Y O M U
T E N I N A H U R D W X L L
A S Q S J K A P U F A M N I
B A A T I U M G T M S C U M
O M R I N D V J L H E C F B
L A I Z G Y U C H V U B O I
I R R N A A H I K Q G P N K
C G I U C H O L I N G A I I
W O P H U N Z I T S A X M T
S R U P G J O G G I N G Q S
J P K M Z O Y E N E R A W A
J S S L V S K U V I N A E H
K U W O N O N G A P G N B V
```

KUTHA
WOPHUNZITSA
THUPI
MAFUPA
MPHUNZITSI
PANJINGA
KUVINA
ZAKUDYA
KUPIRIRA
CHOLINGA

UMOYO
JOGGING
KULIMBIKITSA
METABOLIC
MINOFU
ZOYENERA
PROGRAM
MASEKO
MPHAMVU
KUWONONGA

27 - Circus

```
O G N A K M M A B A L O N I
X N W O L C A A C R O B A T
V J E P E L H L T Y L H M R
H S N R T H O E A R Y Y O E
Z F H P A N O O W N X K N K
N Y A M A N I M R V G C Y B
J R T Z J A I Z W W E I O U
U Z O V A L A I T O T R Z V
G P A R A D E M Y I Y T J O
G X X R T M D U P F G U C J
L H X X N X T F L I U E C N
E M A S I W I T I W K A R A
R K U S A N G A L A L A F B
Y N Y I M B O T E N T A Z P
```

ACROBAT	MALANGIZO
NYAMA	MZIMU
MABALONI	MONYO
MASIWITI	NYIMBO
CLOWN	PARADE
ZOVALA	ONERANI
NJOVU	WOONA
KUSANGALALA	TENTA
JUGGLER	TIGER
MKANGO	TRICK

28 - Geology

```
V S X H Z A J E R A T L V Z
V F T W Z E N R E V A K O I
B C O A W G N E Y N O W L N
U R H S L X H H A Y E F C T
X E R I S A N C L O W T A H
N Y R J V I C M Q L O Y N U
S D O Y P O L T O I B G O Z
L A V A L N M R I A C I D I
A L Q W A O V E A T S G T N
R A U N T G E S Z L E U K T
E W A D E N K Y L I R L P H
N M R I A A K E O T J Y H U
I L T O U Z P G M P P F K G
M N Z R C K O N T E N T I G
```

ACID	MINERALS
KAVERN	WONYENGWA
KONTENTI	PLATEAU
ZINTHU ZINTHU	QUARTZ
ZANG'ONO	MCHERE
CHIVOMEZI	STALACTITE
FOSSIL	MWALA
GEYSER	TILT
LAVA	VOLCANO
LAYER	

29 - House

```
T M O K I Y A M C A B C L O
N W T V H X T J R P T H A U
E Q O Y V O C R O R R I M X
M T M W F S M O G F K P P K
E P B O N X H O K J H I M I
S Z U D S U H A N K V N A T
A P W N K A W D M R K D K C
B O S I G Z E N V B L A A H
S B S W H A G U H N A T T E
N M P A N D A M B O G S A N
L A I B U L A L E L N A N M
D P U A U P A N D A E C I Y
R I T L G A R A G E T H E L
R M Q M N X V E K S Y E B Y
```

BASEMENT	MAYIKO
TSACHE	KITCHEN
MAKATANI	LAMP
KHOMO	LAIBULALE
MPANDA	MIRROR
MOTO	TENGA
UPANDA	CHIPINDA
MIPAMBO	SHAMBA
GARAGE	MPUNGA
MUNDA	WINDOW

30 - Physics

```
C V I V A L U K U K E C M N
F H E N G I N E N P L H O W
O O E X O R I W I L E I L C
P Y R M D L C Q V B K B E D
I V M M I K O Y E M T A K P
E B J X U C W R R A R L U H
A T O M G L A D S S O E K U
I H I B E T A L A I N R U N
V E L O C I T Y L R S A L Z
F R E Q U E N C Y I D E U I
I C L O K L C Q U B K L G R
K U C H U L U K A M L C V O
N P M S I T E N G A M U H A
Q S M H X Y D E E Z N N O W
```

ATOM	MASI
CHEMICAL	ZAMBIRI
KUCHULUKA	MOLEKUKULU
ELEKTRON	NUCLEAR
ENGINE	PHUNZIRO
KUKULA	CHIBALE
FORMULA	LIWIRO
FREQUENCY	UNIVERSAL
GESI	VELOCITY
MAGNETISM	

31 - Coffee

```
C A F F E I N E M T E M C X
P F S Z H W M L F Q S N G O
C R F K U P A M M L O A T J
P L I C Q T D M J B R G N P
M R N C H U Z A F E S O Z A
J N B R E A I W T R E V C R
I I D Y E Y M A W A W O Z O
C L Z L L A A O U N E L E M
M K A K A G E A D U K A W A
J U N I G I R O I Z O R R H
N D M Z Z Y C O U C I N U C
S H U K U K A O Q P U S H O
F L A V O U R U I G O P T O
K U S I N T H A L V Z D W W
```

AROMA
CHAMODZI
ZOWAWA
WAKUDA
CAFFEINE
CREAM
CUP
ZOSEFA
FLAVOUR
GAYA

LIQUID
MKAKA
M'MAWA
ORIGIN
PRICE
WOOCHA
SHUKUKA
KUSINTHA
MADZI

32 - Shapes

```
P L N O M U T A T A G N I T
F O M Q J X M A V D T P O X
L I L W I K R E D N I L Y C
O G M Y U G X N S A A R C Y
M V F M G V B O P P Z N A E
P R I S M O H C Y I I A X T
C E S W I R N H R M A L O E
X I N A G N A K A R T O L P
R E R A U Q S A M K I B A E
B Y D C Q F B V I O H R V H
L I N E L S L Y D N C E O P
O R I B V E K R X A O P Q M
Y P P U W U N T L L Z Y X M
N A W C N E U J P I B H D Q
```

ARC	LINE
CIRCLE	OVAL
CONE	POLYGON
KONA	PRISM
CUBE	PYRAMID
MIPANDA	KANGANI
CYLINDER	ZOCHITA
M'MPHEPETE	MALO
ELLIPSE	SQUARE
HYPERBOLA	TINGATATU

33 - Scientific Disciplines

```
Z C H E M I S T R Y Z F B Y
S A I J O L O E G I I I I F
D R S P I L V K E E N S O M
R Y G O L O Y A B K T I C I
F H V Q C L T T L O H O H N
L V F O Q I U Q Y L U L E E
Z B L H H Q O N B O Z O M R
A A O G G W P L B G I J I A
N T M T G I M F O Y N I S L
A H P B A H M I W J A A T O
T L N G I N B Z W O I H R G
O J K Y P R Y I X G M A Y Y
M Z E I R T I S Z O L O G Y
Y R M Y M X G I T U K A Y N
```

ANATOMY
NYAKUTI
BIOCHEMISTRY
BAYOLOGY
BOTANY
CHEMISTRY
EKOLOGY
GEOLOJIA

ZINTHU ZINA
ZAMBIRI
MINERALOGY
FIZISI
FISIOLOJIA
ZASOCIOLOJIA
ZOLOGY

34 - Science

```
L R S Y L Z N F O S S I L L
A A B U O O J A G I D M Q M
C D B Z Y O I W H K Y I K M
I Z V O I N R W H G U N D A
M O T A R A A X Q F U E F S
E W D I L A H K W N E R C O
H E B Z U H T N I Z U A A M
C L I A R E K O K O Z L H P
Z A M O D Z I U R P B S F H
O O T E D M D H Y I S T I E
R O N A P R S A R E M O Z N
X T Y B D R C P B U S L I Y
K U S I N T H A J Y G A S A
P X Z E S N O Z U H T N I Z
```

ATOM	ZINTHU ZONSE
CHEMICAL	LABORATORI
KHALIDWE	NJIRA
DATA	MINERALS
KUSINTHA	MASOMPHENYA
KUYESA	ZAMODZI
ZOONA	ZINTHU
FOSSIL	FIZISI
ZOKOKERA	ZOMERA

35 - Beauty

```
S A S E Q B O C R C F X Z Z
K B I B C T O E U T V W O A
M I R R O R P F X R T R T K
S J H G U E M O E I L A S H
M A S C A R A A J Z P S A A
C K K T O N H I F N L T T L
H A T U V A S O Z U O I I I
I S N C K G F H N H T W R D
S A E O C O I J N T I A A W
O M C L B D N O A I H H J E
M V S O J N J G U H C T W Z
O O X R Z O N D O C T N S B
Y X E B T H O X A L N U S Y
P D W C K K V W P D A K K R
```

CHITHUNZI   MIRROR
COLOR   MAFUTA
ZOTSATIRA   SCENT
CURLS   MASAKA
KUKONGOLA   NTCHITO
ZAKHALIDWE   SHAMPOO
KUNTHAWITSA   KHONDO
CHISOMO   ZOSAVUTA
MASCARA

36 - Clothes

```
G I F J Q V R O E S U O L B
S W E A T E R M F I C I H Y
Z O P H U N Z I T S A A E R
O M L N K L A S I K B Y R Z
T E Z U F Y S N H O M T Q F
M N H Y D I T A H S A M I J
A X U A S N N E A A L L T E
T C C R Q J A J Z M V K E X
H H A R R D A S V A L A L A
A O P G K X L C N P N O E E
W T R I K S F M K S G A C O
A I O T A P A S N E Q T A J
L F N P A J A M A S T T R U
A A M A G L O V U O U K B G
```

APRON	NKLASI
LAMBA	PAJAMAS
BLOUSE	MATHAWALA
BRACELET	NSANDULO
VALALA	SCARF
ZOPHUNZITSA	MASHATI
AMAGLOVU	NSAPATO
CHOTI	SKIRT
JACKET	MASOKSI
JEANSI	SWEATER

37 - Astronomy

```
D A S T R O N A U T F X J E
Z T E L E S I K O P U C O K
I L H F A V O N R E P U S Z
K Q K M M Y X K R W M T M Y
O A S T E R O I D D M V I X
L S P M W N T I N E B U L A
A A L J T R N A L G P S R L
P T A A T A M A Y N A W O A
A E N N J L N J K E M Z C G
N L E O H O S D S L W O K T
S L T O F S T L A I E D E G
I I Z Z W X A R J H Z I T F
R T P I S S S K N C I A E P
C E S P I L C E S I V C P N
```

ASTEROID
ASTRONAUT
WANYAMATA
MTANDA
DZIKO LAPANSI
ECLIPSE
GALAXY
MWEZI
NEBULA
ZOONA

PLANET
ROCKET
SATELLITE
SKY
SOLAR
SUPERNOVA
TELESIKOPU
CHILENGEDWE
ZODIAC

38 - Health and Wellness #2

```
K M E Y U A Z H O T B B L W
U U T M P H A M V U Z R A M
C C M I A H T N I S U K Q Y
H H A Z M S T H O M F Z R A
I U T A I A I X B G L E G R
R N E W H D M N E E H A I E
I D N M T O Z I G N A L A M
T U D P H O Z M A E Z A R E
S L A A N M C A S T E T E L
A K A L O R I T S I T A N U
A N A T O M Y I A C E P E K
Z A K U D Y A V M S T I Y X
Z T X H Q Z S H T D U H O O
Q U P F J I Y P J F K C Z R
```

MALANGIZO	UCHUNDU
ANATOMY	KUTETEZA
MWAZI	MASSAGE
KALORI	MOOD
ZAKUDYA	ZOYENERA
MATENDA	KUCHIRITSA
MPHAMVU	GONA
GENETICS	KUSINTHA
MTIMA	VITAMIN
CHIPATALA	KULEMERA

39 - Time

```
I O E Y R O D M Q I Z E W M
S Z D I E U P M Q N A Y A X
G C L R T V A B T J K F P J
T S I K U D R U O H A O A D
M N H L N Q Q Y R C Z U W H
G D Z X I R W O F U A S D D
M X E S M Y N M L R K I E E
A W A M M X L U E O A K H C
S I W M L U N G U U G U C A
I K A L E N D A I G N O A D
K H P O Y A M B A E K K S E
U X C C H A K A B L E R O T
O Z N A K A A H C K G W P K
J R D G W T S O P A N O V O
```

CHAAKA	MINUTE
M'MBUYOMU	MWEZI
KALENDA	M'MAWA
ZAKA ZAKA	USIKU
WACHI	MASIKU
TSIKU	TSOPANO
DECADE	POSACHEDWAPA
POYAMBA	LERO
TSOGOLO	MLUNGU
HOUR	CHAKA

40 - Buildings

```
N I T S O U J S S L K S Y F
T Y N Y L B D M U L Z E W M
H R E A P A M U K H O M C I
S O M L F L U S U Q K E A R
V T T Z J O I E L M T N S R
J C R E D Z D U U D Q E T T
Y A A F L I A M O I F R L E
S F P N A O T O W E R O E N
K B A R N G S Q O T Y H S T
Y O L A B O R A T O R I T A
Q Z G B C C A B I N S K F A
Y N E O S U P A M A K E T I
R A D A N O O Z N X B E F O
F K Z M V A M E N I C I K B
```

APARTMENT   LABORATORI
BARN   MUSEUM
CABIN   ZOONA
CASTLE   SUKULU
CINEMA   STADIUM
UBALOZI   SUPAMAKETI
FACTORY   TENTA
KOGONA   SEMENERO
HOTELO   TOWER

41 - Gardening

```
P A K C B S T F S E M D N M
T M H M E I G V W A B O Y B
M U A B M A S T A M E W E L
O B L Y E R A C E Z W O N V
S E I S N I S N I Z U E G O
S J D M M B E D I B L E O U
O D W R Y M H P G H C O Y O
L R E N I A T N O C O B S E
B A V V S Y G S C M F S O X
L H R T E U Q U O B F N E O
E C Q O A K H B S P Y J P T
F R K B L M A D Z I M C G I
U O T C Y F C L P V K O Q C
M F U F B E W E Y N I H C C
```

BLOSSOM
BOUQUET
KHALIDWE
COMPOST
CONTAINER
KUYAMBIRA
EDIBLE
EXOTIC
FLORAL
MATSAMBA

HOSE
LEFU
CHINYEWE
ORCHARD
NYENGO
MBEWU
DOWO
ZINSINSI
MADZI

42 - Herbalism

```
A J G H S U U P S K H W L Z
R O L L X X K M X N X P A O
O Z O M E R A H A G I P V G
M V Y G W N R A A C T Y E I
A P D R A X N O W L N X D R
T S A A A E U E S H I P E I
I Y H Q A L V V F E M D R R
C V U T W M U N D A M D W A
Z O P H U N Z I T S A A W E
G K G F L A V O U R Z U R D
Z O P I N D U T S A J R B Y
R M H G P M A R J O R A M N
P A R S L E Y Q F B A S I L
I N G R E D I E N T L O E I
```

AROMATIC	ZOGIRIRA
BASIL	INGREDIENT
ZOPINDUTSA	LAVEDER
ZOPHUNZITSA	MARJORAM
FENNEL	MINT
FLAVOUR	PARSLEY
LUWA	ZOMERA
MUNDA	UKHALIDWE
ADYO	ROSEMARY

43 - Vehicles

```
T N T I B K Z L I E G E D N
R E P S O P A N R U A N B P
I N V N A V A R A C L N U H
C I X A T N Q Z Y K I T R U
K G U L F U X T A M M A I N
T N V U A D R E T O O C S Z
A E F B R W F K A T T K Q I
L B V M R V W C M O O F O T
A P W A R G P O R R M D J S
K G L A B C Y R A A S L P I
A W B P L A G N I J N S H O
L M W L J O S S H U T T L E
A E Z G Q L H I J V P D G O
U H E L I K O P I T A U A G
```

NDEGE
AMBULANSI
NJINGA
BOAT
BASI
GALIMOTO
CARAVAN
ENGINE
BWALO
HELIKOPITA

MOTOR
RAFT
ROCKET
SCOOTER
SHUTTLE
TAXI
MATAYARI
TALAKALA
PHUNZITSI
TRICK

44 - Flowers

```
M K U U J L S N F P Y N B D
C A L I L E U U Y O B G O A
O Y G A H F C F Y P S A U I
F R E N I M S A J P M U Q S
G H C D O W I X M Y P L U Y
I O S H U L B W E Y E S E J
L I L Y I P I L U T N L T Q
R O S E C D H A Q R D A P N
L N G A R D E N I A A V E F
B K A I R E M U L P D E T G
D A N D E L I O N E Z D A M
E I R O L Q H S U O U E L A
C L O V E R X X G N W R B G
X A T Y K K X Y B I A A B A
```

BOUQUET   MAGNOLIA
CLOVER   ORCHID
DAISY   PEONI
DANDELION   PETAL
GARDENIA   PLUMERIA
HIBISCUS   POPPY
JASMINE   ROSE
LAVEDER   MPENDADZUWA
LILAC   TULIPI
LILY

45 - Health and Wellness #1

```
Q Q U F Z W I N J A L A B K
E N O M R O H A M F I R A U
D Z Z D H I C E C A T E K S
F P C N P B N H L B K F T I
K U A L U P U K I C S L E N
T U L B I J I F B T K E R T
K F P V Z N H S O X I X I H
H O Y A T U I F C O B K A A
O N X T N N B C A V A I A A
N I Y N C D P H A R M A C Y
D M T Y A L A W H K N A M M
O N D O K O T A L A I Z U D
M I N Y E W A T I H C O Z X
K U B U L A L A P U F A M W
```

ZOCHITIKA	NJALA
BAKTERIA	KUBULALA
MAFUPA	MINOFU
CLINIC	MINYEWA
DOKOTALA	PHARMACY
KUPANDA	REFLEX
ZOCHITA	KUPULA
KUSINTHA	KHONDO
MAHORMONE	MANKHWALA

46 - Town

```
X E O B F M X R S M K S U P
Y I J T L U E P U P I U N H
Q J M S O S Y L K K K P I A
L F V D R E R X U K J A V R
M A C L I U E E L S H M E M
N A I O S M L N U E O A S A
N D B B T D L H V M T K I C
Z D E U U B A N K E E E T Y
S K H G K L G M W N L T E O
T B Y K E U A R Q E O I R G
S T O R E I V L C R O I G I
B A K E R Y V Z E O Z B D S
S T A D I U M M S I K A S H
C L I N I C I E C I N E M A
```

NDEGE
BAKERY
BANK
MABUKU
CINEMA
CLINIC
FLORIST
GALLERY
HOTELO
LAIBULALE

MSIKA
MUSEUM
PHARMACY
SUKULU
STADIUM
STORE
SUPAMAKETI
SEMENERO
UNIVESITE
ZOO

47 - Antarctica

```
R O C K Y Y H P A R G O E G
H T Q E X H P C K G A W X A
H K C K M P J V U P P O P B
D H O U E A K D L B A F E N
I Z D A M R O O U M M U D M
K F I V V G N V H K O F I Y
Y U M K U O T E C I D U T O
N D S V O P E T U S Z Z I X
Y N R A G O N E K I I A O Y
R U E U M T T G E I R V N E
W T I V P U I N O Z W L B P
E I C B W U K I S N A Y A S
D M L G R S V A Z D H S Y Y
W W G X P E N I N S U L A Q
```

BAY	ZIISI
MITUNDU	KUSAMUKA
KONTENTI	PENINSULA
PAMODZI	WOFUFUZA
DZIKO	ROCKY
EXPEDITION	SAYANSI
GEOGRAPHY	KUCHULUKA
GLCIERS	TOPOGRAPHY
ICE	MADZI

48 - Ballet

```
C F P M H T Y H R M O N J A
Z H L V U U W D D T M T E R
V C J D E C O Y S E V C E T
M I N O F U H G L N E H U S
O S U L L R X I A G R I U E
R V A X P N Q E T O A T S H
I K I P U Y J C L E Z O O C
Z U E N V I C O M P O S E R
N K P P A M Z O C H I T A O
U H H X W B R N L O B P L O
H A O M K O L P K O Q M Y J
P L R I V W A C H I S O M O
A A B M A W A M A I H S J I
M S M K U K W E Z E R A K C
```

AMAWAMBA	NYIMBO
ZOCHITA	ORCHESTRA
OMVERA	MUCHITE
COMPOSER	KUKWEZERA
OVINA	RHYTHM
WACHISOMO	LUSO
KUKHALA	SOLO
MAPHUNZIRO	MTENGO
MINOFU	NTCHITO

49 - Fashion

```
Z E M B R O I D E R Y U M E
O P K C I T A Z E P O Z T P
Y X E G P E T L W E E L E K
E I U R L J Z A D V S L N F
N I Q O A T L C I H T N G L
E Z T W M A J E L Y S C O M
R D O M A B U T A N I H T W
A O B V L X D B H T L I I R
O M H M A I O W K F A T H H
F A I Q D L W E A I M S C L
A Z T I N S A A Z K I A T H
B O U T I Q U E U G N N N Q
M I Y E Z O R Y J G I Z L P
W A B W I N O N D S M O U S
```

BOUTIQUE
MABUTANI
ZOVALA
WABWINO
ZAKHALIDWE
EMBROIDERY
NDALAMA
NTCHITO
LACE

MIYEZO
MINIMALIST
ZAMODZI
WONSE
CHITSANZO
ZOPEZA
MTENGO
ZOYENERA

50 - Human Body

```
O  K  A  J  N  A  Z  D  C  W  W  I  Q  U
O  D  N  O  B  Y  O  K  H  W  F  S  H  B
M  W  K  S  C  A  V  H  I  K  E  O  D  O
O  H  L  J  Y  Y  N  O  N  X  P  N  A  N
K  G  E  L  O  N  K  N  A  L  A  H  C  G
I  K  H  U  T  U  M  D  M  P  Q  N  T  O
H  R  Z  D  U  D  A  O  I  M  U  W  X  Y
C  N  E  N  M  R  P  B  T  J  A  F  C  P
X  G  Q  C  T  O  E  P  M  F  X  D  A  Z
K  X  M  A  X  I  W  S  P  M  O  V  O  M
B  G  K  W  W  B  A  Q  H  S  N  X  N  Y
T  T  M  B  A  R  X  R  U  T  U  M  R  Q
R  P  I  Y  J  Z  S  Z  N  M  W  A  M  O
N  K  H  O  P  E  I  S  O  H  K  E  N  F
```

ANKLE	MUTU
MWAZI	MTIMA
MAFUPA	NYAYA
UBONGO	BONDO
CHINA	LEG
KHUTU	MWAMO
CHIKOMO	KHOSI
NKHOPE	MPHUNO
CHALA	MAPEWA
DZANJA	KHONDO

51 - Musical Instruments

```
S A X O P H O N E F V L C G
T A M B O U I N E Q L D H X
Z Q U L K T K L D F C S G W
G P E T I K O B N I L O I V
W M I T S W A K B G R U T C
H A R M O N I C A X P E T H
C D B D O H A R P V O K M E
L R B A L A W H K N A M A M
A U A G N N G C E L L O N A
R M S N T J O O J F K N D R
I M S E O B O G N S M A O I
N C O P G U I T A G S I L M
E B O I W M E Y V O A P I B
T M N L Z O K H U D Z A N A
```

BANJO	HARP
BASSOON	MANDOLIN
CELLO	MARIMBA
CLARINET	OBOE
DRUM	MANKHWALA
ZOKHUDZA	PIANO
FLUTE	SAXOPHONE
GONGA	TAMBOUINE
GUITA	LIPENGA
HARMONICA	VIOLIN

52 - Fruit

```
C J I S O L U P A P X U V M
H O E D K A N M L Z E B X P
I Z N Y F Y T K I W I E B H
N B X J E A H Q T D I J N A
A L A Y E P O Z O B N N Y T
N P L I Y A C O K D M A D S
A A I U R P H T I H C L M O
Z P F C C S I S R B X A U B
I B V I H X X E U X E L G Q
M A N G O E N J P M D R K O
T C H E R I S O A X N W R S
T M D S K O N I M L E S Y Y
N E C T A R I N E B W X O W
K O K O N A T I X A V A U G
```

APULOSI
APURIKOTI
NTHOCHI
BERRY
TCHERI
KOKONATI
CHITH
MPHATSO
GUAVA
KIWI

MANDIMU
MANGO
VWENDE
NECTARINE
LALANJE
PAPAYA
PICHESI
PEYALA
CHINANAZI

53 - Engineering

```
I  B  P  A  Y  I  A  G  A  M  X  K  J  K
W  M  P  E  X  D  I  Z  I  L  O  U  D  U
K  Q  A  L  Z  I  K  Z  N  S  O  K  K  G
U  Y  Z  I  A  L  S  F  A  F  T  H  M  A
Z  R  E  Q  M  E  Y  G  K  A  B  A  A  W
A  A  Y  U  A  V  O  R  A  H  Y  L  R  A
M  M  N  I  N  E  D  D  M  E  E  A  G  N
A  Z  O  D  G  R  E  K  U  P  I  T  A  I
R  R  S  T  O  S  Z  N  R  J  U  J  I  D
Q  I  U  T  O  F  I  Y  I  F  E  P  D  W
G  Y  K  X  P  R  M  A  N  G  E  L  O  A
M  P  H  A  M  V  U  V  U  S  S  N  D  V  X
V  W  Z  D  I  A  M  E  T  E  R  E  N  X
K  U  W  E  R  E  N  G  A  U  S  U  Y  Y
```

ANGELO	ENGINE
AXIS	MAGAIYA
KUWERENGA	LEVERS
ZAMANGO	LIQUID
KUZAMA	MAKANI
DIAGRAM	KUPITA
DIAMETER	MOTOR
DIZILO	KUSONYEZA
KUGAWANIDWA	KUKHALA
MPHAMVU	

54 - Kitchen

```
P T A K D R N U Z A K A M O
M O K V S C O A U W H P A D
C H A K U D Y A P X L R F F
Z Z O K H U D Z A K X O U C
C O B J C M T Z K X I N N E
P E T D U E J A A C J N S M
X L L I R G I U M N I G O I
G D P N M N G F B M R E J P
M A X A A O I U O O F T G E
F L S V P P B L B V M H X N
J A R O I S F U K U B A M D
C I X K N M A S I P O N I E
W L B I D X M K X H X R U W
H Z T T U K E T T L E H Y A
```

APRON	KETTLE
MABUKU	MIPENDE
ZOTI	LADLE
MAKAPU	NAPKIN
CHAKUDYA	OVANI
MAFUNSO	MAPINDU
ZAUFULU	FRIJI
GRILL	ZOKHUDZA
JAR	SPONGE
JUG	MASIPONI

55 - Government

```
W Z D I Y I S A R K O M E D
A Y T R E B I L W U L K L C
M J Q E T G I U E D U U A H
T W R L A P H H Z M L D I I
E A Z O T H S K Z I A I N L
N F C G S X Z N Y Y L N R U
D K I O T Q Z A T I A G Y N
E X V S N K J L N K M A D G
R E I T E O L U M A L N B A
E M L M M Z J K R K S A C M
O W E R U Z A S G I V U Q O
X K D R N I Y C O Z R N K G
Z F M K O K I Z D N J Q U M
S K S Z M D W F Q I Z J K H
```

NZIKA
CIVIL
MALAMULO
DEMOKRASI
KUSANA
KULINGANA
KUDZIYIKA
OWERUZA
CHILUNGAMO

LAMULO
MTSOGOLERI
LIBERTY
MONUMENT
DZIKO
WAMTENDERE
NDALE
KULANKHULA
STATE

56 - Art Supplies

```
M E D I I U J N P T K W D P
K I R O Z I G N A L A M I R
H N N A N P U M L E S A E M
G K L R S G K M A F D I B A
I Z N E P E O A K F X D O S
S K M M M I R K A W U Y A A
N U P A I N C A M U N T A B
E L A K T I U L U G A Y A A
P E N B U F V A M A D Z I S
A N D N N O D Y P A P E R H
M G A X D H C O W P T A X I
O A K R U B S N T E B U L O
B Z I H Q F R I Z O X Y O V
Z I N T H U Z A M A T I N J
```

MASABASHI	GULU
KAMERA	MALANGIZO
MPANDA	INK
MAKALA	MAFUTA
DONGO	PENZI
MITUNDU	PAPER
MAKALAYONI	MAPENSI
KULENGA	TEBULO
EASEL	MADZI
ERASER	ZINTHU ZAMATI

57 - Science Fiction

```
B  D  K  V  P  N  D  C  O  Z  M  G  T  P
X  Z  F  K  A  E  N  H  G  A  A  A  E  L
W  I  W  Y  K  M  E  I  M  C  N  L  K  A
I  K  Z  O  U  T  L  P  A  H  K  A  N  N
Z  O  G  X  P  Q  C  E  R  I  H  X  O  E
K  O  U  K  U  B  A  M  O  N  W  Y  L  T
W  T  G  Q  K  R  R  B  B  S  A  F  O  F
A  O  J  A  U  K  O  E  O  I  L  E  J  U
M  M  G  M  N  V  Q  D  T  N  A  T  I  T
B  K  F  E  I  I  N  Z  I  S  S  T  A  O
I  L  T  N  Q  S  Z  O  Z  I  M  W  F  P
R  Y  Y  I  U  G  S  I  C  O  N  E  S  I
I  W  E  C  I  T  S  I  R  U  T  U  F  A
V  P  Y  F  T  I  T  U  K  A  W  Q  K  Z
```

MABUKU
MANKHWALA
CINEMA
CONES
WAKUTI
KUPUKA
KWAMBIRI
MOTO
FUTURISTI
GALAXY

CHIPEMBEDZO
ZOGANIZIRA
ZACHINSINSI
ORACLE
PLANET
MAROBOTI
TEKNOLOJIA
UTOPIA
DZIKO

58 - Geometry

```
E L Y P N W A H T N I S U K
Q X E A O M Z F O M S O N P
U K N M I C I U O H A B N H
A R Y E S G D P L M L S A U
T E I N N D N D A T S I I N
I T J E E Y A A M N W A Z Z
O E R A M L H S A E D U O I
N M E D I A T F I M C A Y R
B A B F D S O L E G N A E O
L I M S V C Z F C E N Z N N
H D U L O G I C I S I B E L
J T N K U W E R E N G A R J
S Y M M E T R Y D H L Y A W
C I R C L E O O B Z F F B L
```

ANGELO	MASI
KUWERENGA	MEDIA
CIRCLE	NUMBER
MIPANDA	ZOTHANDIZA
DIAMETER	MALO
DIMENSION	SEGMENT
EQUATION	PAMENE
KUSINTHA	SYMMETRY
ZOYENERA	PHUNZIRO
LOGIC	

59 - Airplanes

```
T W Q Y K S D X A Q V D W Z
W O I N O U L A B K N I O A
B K R M Z B T S Q D T R Y M
F W Q P I Y F A B L F E A A
T E O H G V H G L R G C M N
U R X E N I G N E A T T B G
D A W P A R M N G H R I I O
X S K O L I A X E T B O R E
W Z C X A B F J J N A N A K
M I C E M M U H Q I C R E W
Y T N F N D T I M S R Y Y R
Y V I I F T A D J U P J L J
E Q A M D O N G O K T I I L
T U I W A Z O C H I T I K A
```

ZOCHITIKA   ENGINE
MPHEPO   MAFUTA
MTIMA   KUSINTHA
BALUONI   MBIRI
ZAMANGO   KUTALA
CREW   WOKWERA
DSCENT   WOYAMBIRA
DONGO   MALANGIZO
DIRECTION   SKY

60 - Birds

```
T O U C A N N K H X B A N P
L Q W C K J T U K E L V I Z
F P F Q D E H K H U R S U T
P A R R O T I O W I V O G D
F S H O J K W O A L I I N L
X T Y K Y L A X N A W S E X
H O R O A C T U G N U H P M
C R W K S B I L W A S E K N
A K P I P F W U A C E Q C K
N E X P A W A G L I M E J H
A L G A R L Z Y A L Z N B U
R I G G R Z L T O E O J O K
Y U J R O X L D A P Q Z S U
K V A U W K R F T S E K W E
```

CANARY	NTHIWATIWA
NKHUKU	PARROT
KHWANGWALA	PIKOKO
KUKOO	PELICAN
BAKHA	PENGUIN
MPHUNGU	SPARROW
EGG	STORK
TSEKWE	SWAN
GULU	TOUCAN
HERON	

61 - Nutrition

```
A E C I Y P E R E Z Z E Z U
Y Y D Z Q P J W X O O M I K
D L G I O Y O M U T W Z M H
U N D N B P S T U H A Q E A
K J L I V L I O S A W A N L
A X Z M X Q E T M N A G E I
Z O S A N K H A A D I I Z D
G N C T Y X H O T I P X I W
T G S I K X I P I Z B N O E
F L A V O U R R H A M J J P
Z O K H U D Z A C H I D E U
G S U Y O P I R O L A K A M
K U L E M E R A Z H E H C U
K U W I R I T S A Q H I L G
```

ZOWAWA	ZIMENEZI
MAKALORI	ZOTHANDIZA
ZERE	ZOPITA
ZOSANKHA	UKHALIDWE
ZAKUDYA	MSUU
EDIBLE	ZOKHUDZA
KUWIRITSA	POXIN
FLAVOUR	VITAMIN
ZOCHITA	KULEMERA
UMOYO	

62 - Hiking

```
C C A K J H S M A D Z I K J
N H L D Z I U A P M J H N E
O L I I X Z M N O G J I H M
T J M L F P M J T H K V D I
B F A F E F I S A M A Y N Y
M U P F W N T A W B Q N O A
A O T J D Y G R D Z U W A L
P Y Q I I K G E A N O F G A
A G W B L Z R M D M P Z H Z
K U G M A X F E N W L L C A
A G U A H W D L A V E J A F
H M H K K F I O P P H I R I
E F A N U G O Z O Y B H H B
A L A N G I Z I Z Y N S A Z
```

NYAMA	PHIRI
BUTI	CHILENGEDWE
NKAMBI	MAPAKA
CLIFF	MIYALA
KHALIDWE	SUMMIT
ALANGIZI	DZUWA
ZOPANDA	WATOPA
ZOLEMERA	MADZI
MAP	

63 - Professions #1

```
V I E W I N F I K R Z G P D
P S R O L I A T A U O A L O
T T X Y M M W A R W Y E U K
S I H E T F H Z H Z A W M O
I Z W R E K N A B N N O B T
C N O A B M A Y O W G Y E A
A U P Y V V Y C E R A I R L
M H R L I C M J U S N M E A
R P M K O N Z I H H I B T B
A M B A S S A D O R R I N F
H Z J E W Q S I C E A L U A
P W O V I N S A P K I A H F
A N A M E N E O K A F S Z L
W J I S N A Y A S A W B Y J
```

AMBASSADOR
WOYAMBA
BANKER
MPHUNZITSI
WOVINSA
DOKOTALA
MKONZI
HUNTER
ZOYANG'ANIRA

WOYIMBILA
NAMENE
WA PHARMACIST
WAPIANIYO
PLUMBER
WOYERA
WASAYANSI
TAILOR

64 - Barbecues

```
K L B X C G Y U R H B L A N
A B W E N Z I F A B U F P Z
G C J M R G O S T A P I H C
S R W W C N L P G N N J U N
Z U I Q P H W K C J U A P C
I K U L D M E Y K A M Y I M
U U S M L Z K R T G A D M A
C H I L I M W E E N S U Z F
M K A N Y E Z I D E A K T U
V N S A L A D M N T M A R N
M A S E W E R O E U B H I S
U X N J A L A P P K A C K O
E H J A X R J U I W R K F N
N Y A M A N Y I M B O T Y A
```

NKHUKU	NJALA
ANA	MIPENDE
BANJA	NYIMBO
CHAKUDYA	ANYEZI
MAFUNSO	SALAD
ABWENZI	MCHERE
CHIPATSO	MSUU
MASEWERO	CHILIMWE
GRILL	NYAMA
KUTENGA	MASAMBA

65 - Chocolate

```
K I B Y D N C D B F M U F A
N O M C Q I O W O L A K K N
G A K U K U H S N A S H R T
M C X O I L M U U V I A I I
A A E D N E T A M O W L N O
K C U N M A X N S U I I G X
A W A L U K T O U R T D R I
L L A T A Q U I T Q I W E D
O K M Z M M X M M I B E D A
R Y O C A R A M E L C D I N
I A R E M O K O Z Q T H E T
A W A W O Z O K O N D A N P
P C A T K K U K H A L A T H
M P S I O M A P I N D U H S
```

ANTIOXIDANT	EXOTIC
AROMA	ZOKONDA
ZOWAWA	FLAVOUR
CACAO	INGREDIENT
MAKALORI	MATENDE
MASIWITI	UKHALIDWE
CARAMEL	MAPINDU
KOKONATI	SHUKUKA
KUKHALA	OKOMA
ZOKOMERA	KULAWA

66 - Vegetables

```
Q Z A P M T F S K K E E S T
O R Y A A U A I J O M N I O
N N N R Z R U D A L A S P M
V B A S U N A Q E I K W I A
A O G L N I J I P F A T N T
R T N E G P O Z K U H S A O
A I I Y U E N O K L K Q C B
D H R T I Z E Y N A M Q H S
I C I Z C F L D E W W M I E
S T B J V H K A O A L O U L
H N F A I L O K O R U B B A
I T O R A K G K H F Y Y B R
W A Z I K U T I U H M C D I
K A B C U Z Q F Q Q K A B F
```

ATITCHOKU
BUROKOLI
KAROTI
KOLIFULAWA
SELARI
MKHAKA
BIRINGANYA
ADYO
NTCHITO
BOWA

WAZIKUTI
ANYEZI
PARSLEY
PEA
MAZUNGU
RADISHI
SALAD
SIPINACHI
TOMATO
TURNIP

67 - The Media

```
Z Y R T S U D N I K D W T A
O M I W A T V E E U I A R M
C A Z S B Z U T D L G Y G G
H P N O U Y V W I A I I S S
I H U Z L Q M O T N T L P J
T U H I U E M R I K A E A M
I N T N D E N K O H L S I A
K Z I A N T A G N U N I N G
A I Z G U H T N A L T W T A
I R A A L O A E D A C S A Z
B O O M A S E J H N H J N I
T P K L W J J V J A I J E N
M A K H A L I D W E T B T I
N D A L A M A S J E O N I V
```

ZOLENGA	WALUNDULU
MAKHALIDWE	MALO
NTCHITO	NETWORK
KULANKHULANA	MAGAZINI
DIGITAL	PA INTANETI
EDITION	MAGANIZO
MAPHUNZIRO	ZITHUNZI
ZOCHITIKA	ANTHU
NDALAMA	WAYILESI
INDUSTRY	WATV

68 - Boats

```
U H R O B I H P I V A M A Q
C A N O E G I U D C G M N B
R M K B O R G J O R G A C Z
B Z H T O E X C N E Z S H B
Z U Z P K A Y A K W X T O W
A M Y Z C G T W T I D E R A
N T M O O N S F X Q L J L L
A S N G D E R J A B U Y A O
U I Y C Z N A R C R K D H R
T N A Z X I M A F U N D E C
I J N L T H C A Y F U D O R
C E J E P C W O Y E R A J S
A V A Y A H H T E N G I N E
L U I Y F C Y T Q P A Y L X
```

ANCHOR	ZA NAUTICAL
BUYO	RAFT
CANOE	MTSINJE
CREW	CHINENGA
DOCK	BOAT
ENGINE	WOYERA
BWALO	TIDE
KAYAK	MAFUNDE
NYANJA	YACHT
MAST	

69 - Activities and Leisure

```
K U W E Z A N S O M B A U G
M P I K I S A N O E W U L O
B Q V D Y M R D H L R Y E L
D H O M A Z I C N L N A N F
H P Q R K Y P B X A G D D A
R A J O U O M L Y B P N O G
K U S A M B I R A E N U H K
E Q R A E N C Z A S K M K K
Q Y V Y S Z S Z E A A A J A
E H D N U Q O Y R B M M M T
C I E O K G Z N N A B I D E
Z O T H A N D I Z A I L W N
N L R K A G N E R E W U K S
R F A N A H T N I S U K R I
```

ART
BASEBALL
NKHONYA
NKAMBI
KUWERENGA
KUWEZA NSOMBA
KULIMA MUNDA
GOLF
KUPANDA

ZOTHANDIZA
MPIKISANO
KUSINTHA
MPIRA
KUSEMUKA
KUSAMBIRA
TENSI
ULENDO

70 - Driving

```
N C M Y U W J X O R I W I L
G T A A W T M L H L F O S R
O Y B F E W D E D N E Y A M
Z U U B S T G N Y Y H E B E
I C L W M R A N J G X R A L
Z X U K X A L U A A I A S I
G H K O C F I T I R K B Y C
N E I I H F M H Z A L E X E
M X S S M I O B D G M U E N
Z O K I A C T Q K E T D O S
W T T L P K O X E C F R M E
K P P O B O B Z N J I N G A
F K Q P R M A F U T A R V N
C H I T E T E Z O R M H T S
```

MABULUKI	MOTOR
BASI	NJINGA
GALIMOTO	POLISI
NGOZI	CHITETEZO
WOYERA	LIWIRO
MAFUTA	MSEWU
GARAGE	TRAFFIC
GESI	MAYENDEDWE
LICENSE	TRICK
MAP	TUNNEL

71 - Professions #2

```
W O F U F U Z A N A W G N M
W O D Z I W A R R S U V W T
E N G I N E E R E T D S O O
Z O D I H P V D T R E K Z L
V V Z A B W N O N O N Y I A
U R E Z N A W M I N T E T N
W O Y A M B I R A A I Z H K
C T G S T T M E P U S I U H
H N D E T Q Z L D T T T N A
E E X F B S J A I H X H Z A
M V J O C W Y D W M O U I I
I S M L U H T N I Z I N T E
S N T U E X A A Q X B Z S U
T I B P L T I W P Y Y I A Z
```

ASTRONAUT   ZINTHU
CHEMIST   PAINTER
DENTIST   WANZERU
WODZIWA   WOZITHUNZITSA
ENGINEER   NGWANA
MLIMI   WOYAMBIRA
ZITHUNZI   WANDALE
INSVENTOR   PULOFESA
MTOLANKHANI   WOFUFUZA

72 - Emotions

```
M T E N D E R E A B J B A A
M W A T W K I T N E T N O K
M K W I Y O K O U N B V J U
K U W A K I T U H K O W J K
M U G K V Y V J C F D I M H
A B B N Y H S S I H H O E A
N L K O E W M E W M I H C L
T I A W D E D N O K O T I A
H S R J I Z A Y N A M A A S
A S P W Z I A C H I S O N I
D Z I W A N I I Z I N G F B
X E E J G C H I K O N D I C
G N S J Z O D A B W I T S A
C H I P U L U M U T S O O Y
```

MKWIYO
BLISS
KUBODZA
DZIWANI IZI
KONTENTI
AMANYAZI
OKONDEDWA
MANTHA
CHIMWEMWE

CHIKONDI
MTENDERE
AKUKHALA
CHIPULUMUTSO
CHISONI
WOKHUTIKA
ZODABWITSA
KUCHITA

73 - Mythology

```
K N D Z A A R C H E T Y P E
H T N I R Y B A L R V K Z J
P W E N E O B M O L I H C N
W F G E W D I L A H K A M A
U B E E Y G T V D W T T V S
S I L M I L U N G U M C S N
C H I K H A L I D W E U A O
C H I L E N G E D W E K K M
Z I K H U L U P I R I R O V
D M H Z E P W L N B H S S U
C A Q D I Z A Y E O I E T L
V P A N U V M A H P M N R A
K U S A F A F L B W O G G O
W Q E T R D A Z E W B U K U
```

ARCHETYPE	NSANJE
MAKHALIDWE	LABYRINTH
ZIKHULUPIRIRO	LEGEND
CHILENGEDWE	MVULA
CHIKHALIDWE	CHILOMBO
MILUNGU	WAMFA
TSOKA	KUBWEZA
KUMWAMBA	MPHAMVU
HERO	BINGU
KUSAFA	

74 - Hair Types

```
W O Y E N E R A V B V U B C
H T F J H W R S L T T T N U
M T A N D A K I O Y V A W R
S D D W E X K B P I M L O L
H F U O R B A O O U T I R S
I M K Y O Z W S T X F T B Z
N A A E L S D I A R B A E A
Y Z W N O B I W N E Z L W M
K O X D C L K Y A V Q I W A
Z F V A R O U V B L Y K O X
K E W D V N L D Z I Z E Y B
R W P Z U D U T P S I K E Z
F A I Y S I K X N S D X R D
J V Q Z C H A G U L U F A P
```

MTANDA	GULU
WAKUDA	UTALITALI
BLONDI	SHINY
AKULUKIDWA	WAFUPI
BRAIDS	SILVER
BROWN	ZOFEWA
COLORED	WOYENERA
CURLS	WOYENDA
LOPOTANA	WAVY
ZAMA	WOYERA

75 - Garden

```
X M B S V E K A R Z L W O I
Y K P S P N C T P R I A S I
Y Z P A J I O E H S U B W U
J F Y R N V M G O J D P R N
M F S G I D M Z F W W S A Y
M T Z V J N A W U L A Q L E
U M E E S O H T E R R A C E
N T A N U P G A R A G E Z B
D I I D G H S T B Q S P A D
A M E D N O H K M B K E T O
R A S X L U T P K S N J T B
B E N C H I U O R C H A R D
B L M K I B W G T W Q R V K
T S T R A M P O L I N E X U
```

BENCHI	ORCHARD
BUSH	POND
MPANDA	KHONDE
LUWA	RAKE
GARAGE	PHOFU
MUNDA	TERRACE
GRASS	TRAMPOLINE
HAMMOCK	MTENGO
HOSE	VINE
LAWN	MTIMA

76 - Diplomacy

```
W L Q O T S A Q C M H J X H
D A H W V T F U H T N A D C
I M C R A H T N I S U K W O
P O K H P Y X Q T L C H S M
L B X A I W V R E S I V D A
O K N E M N J N T W N N Z G
M I N W Y B J L E V I T I N
A H U U R A I A Z B L R N U
T J B I H A F R O I Y Y E L
I A W K K Y E L A D N Y N I
C I I W J A E G N N M C E H
Q A N U B A L O Z I A M R C
S F O A M A K H A L A N O Z
K U G W I R I Z A N A J I B
```

ADVISER
ANTHU
KUGWIRIZANA
DIPLOMATIC
KAMBIRANANI
UBALOZI
AMAKHALA
WACHINJA

BOMA
UBWINO
CHILUNGAMO
ZINENERO
NDALE
KUSINTHA
CHITETEZO

77 - Countries #1

```
U P Y K G W L T V F T F V I
S E N E G A L N L I B Y A L
L P A R E P M O V E J A M E
A O M A U G A R A C I N S A
T L R M E F X W A Z A K P R
V A E A L I Z A R B N P A S
I N G N C R R Y L A T I I I
A D P A S R O F Z D S P N N
O Z T P Y G E M J T B H D D
C A N A D A D N A L N I F I
M O R O C C O T B N P W P A
V E N E Z U E L A E I I P C
V I E T N A M X B U V A E F
N H H M Y J Q X K X X I T K
```

BRAZIL	MOROCCO
CANADA	NICARAGUA
EGYPT	NORWAY
FINLAND	PANAMA
GERMANY	POLAND
INDIA	ROMANIA
ISRAELI	SENEGAL
ITALY	SPAIN
LATVIA	VENEZUELA
LIBYA	VIETNAM

78 - Adjectives #1

```
G X A L Y Z A R O M A T I C
R D K W U Z O A W I Z D O Z
R V Y Z E T U L O S B A Z B
S E R I O U S O E B Z B P W
Z N L T F K I G X M N C Q Q
T O C F B A N N I B E B R E
N A K I N U F O Z J T R A I
Z S L O R G J K A I V V A E
Q O H S P S U O I T I B M A
E M C E Z A S E X O T I C B
P H W H W A K U P A T S A H
C Y Z M I H F W O Y E N D A
M T I M A T Z A M O D Z I M
N W O Q M W A W A B W I N O
```

ABSOLUTE
AMBITIOUS
AROMATIC
ZOCHITA
ZOKOPA
OKONGOLA
MTIMA
EXOTIC

WAKUPATSA
WABWINO
ZOLEMERA
ZODZIWA
ZOFUNIKA
ZAMODZI
SERIOUS
WOYENDA

79 - Rainforest

```
Z I N A C H I M W E N Y E D
B I C Y O M I T U N D U Y D
W F N A A S T E R E W B U K
U N C S A M A N T H U V I Y
B L K S I R A D N A P O P V
W S E O V N V Z V C W I G F
A Q V M N H S J O J D X X E
E L G N U J K I O Y K I V W
K U S I Y A N A P A A C I D
T I Z I N Y A M A T A M P I
C H I L E N G E D W E Q B L
Z I N T H U Z I N T H U G A
K U P U L U M U K A Q S B H
L H Y R A K E Z E T E T U K
```

ZINTHU ZINTHU
KHALIDWE
MITUNDU
ANTHU
KUSIYANA
ACHIMWENYE
TIZINYAMATA
JUNGLE
NYAMA ZOYAMBA

MOSS
CHILENGEDWE
KUTETEZEKA
POPANDA
ULEMU
KUBWERETSA
ZINSINSI
KUPULUMUKA

80 - Technology

```
F S M H N H K S B D J K P F
N I C S O F T W A R E O B U
K A L R O S R U C H O M O F
A B J E E C V L L M N P V U
M R Y I T E N A T N I Y I Z
E I Y T D L N T J Q R U R A
R I H F E G A I B A Y T T N
A H P Y V S D G D P V A U I
O N E R A N I I J Z D G A S
B R O W S E R D B H N N L E
L C W D A T A B L O G E H K
Z I N T H U Z O N S E H W Y
C H I T E T E Z O E D T R V
K A C H I L O M B O H U U E
```

BLOG
BROWSER
BYTES
KAMERA
KOMPYUTA
CURSOR
DATA
DIGITAL
ONERANI
FILE

INTANETI
UTHENGA
FUFUZANI
SCREEN
CHITETEZO
SOFTWARE
ZINTHU ZONSE
VIRTUAL
KACHILOMBO

81 - Landscapes

```
C H I P U L U L U C K S A C
N Y A N J W A B B L H K W H
G J W S E P G R E I C L G I
E E E A B H N E G F A N I S
B R Y Y Y I A H R F E J H W
G E J S M R H R K A B L C A
D V H R E I P P D J U M V L
O A S I S R M T Q N V S O U
I Z D O M A P Z J A U R L S
M T S I N J E I R Y W T C N
I C E B E R G F L N O D A I
M A T H A W I A T I Y O N N
C E O F U V Q B U N Y P O E
Y K G L F E O B F K Y T Q P
```

BEACH	PHIRI
MPHANGA	OASIS
CLIFF	PENINSULA
PAMODZI	MTSINJE
CHIPULULU	NYANJA
GEYSER	NYANJWA
GLCIER	TUNDRA
PILI	CHIGWA
ICEBERG	VOLCANO
CHISWA	MATHAWI

82 - Visual Arts

```
D S N D J S E K U P A N D A
C A R T I S T A K U K A H C
A H L J E G M C S D N V Z B
O R I P E N D D Y E K F D U
M S C K D W L R Z P L C Q E
A D N H O Z I T H U N Z I R
K W E D I N F I L M E Q K S
A A T G J T G C H A L U S O
L X S S D I E O D O N G O W
A G N E L U K C E C V R D H
P E N S I W J F T G P I T X
O M B I M B A N O U K A J P
V C H I T H U N Z I R Q P F
C O M P O S I T I O N E F S
```

ARCHITECTURE	KUPANDA
ARTIST	PEN
CHAKUKA	PENSI
MAKALA	KUONA
DONGO	ZITHUNZI
COMPOSITION	CHITHUNZI
KULENGA	OMBIMBA
EASEL	CHIKONGO
FILM	STENCIL
CHALUSO	WAX

83 - Plants

```
I H P B W M G Z R F W U N L
W P E V U O I O Y B D Q T C
U T T J Z S O M E O O K H K
O X A T U S H E F L O L A K
H J L D M O K R F Y S C N T
F W Y B T L G A F Y R P G G
A H H L E B M T E N G O O R
F L O R A R U P I U U W E A
P C S S D S R A P A P D M S
B J T I N B S Y N A T O B S
M O S S U T C A C C W N O I
M B J Y M B A M B O U U T V
M A T S A M B A E M Q I L Y
K N N Y E M B A X W R G H K
```

BAMBO	NTHANGO
NYEMBA	MUNDA
BERRY	GRASS
BLOSSOM	IVY
BOTANY	MOSS
BUSH	PETAL
CACTUS	MUZU
FLORA	MTENGO
LUWA	ZOMERA
MATSAMBA	

84 - Boxing

```
X Q J T Z I N T H U C W J O
Z R K H Y D K U K A H O K W
O A E U C H I N A N I Y U Z
S N C P G Y Q H F O K A C O
U D A I D C U Z N K W M H K
L C S N W A T O P A A B I H
X H T M G R K U R N N I R A
Y I I F V A U K V E G R I L
N K S U N D B D D M W A T A
H O T N P N U C V P A V S E
U M O D L A L Q R X N H A G
P O W O K P A C E M I Y P B
X W H U V O L G A M A S Z M
O Z H N Y W A B E L O I Y O
```

BELO	KUBULALA
THUPI	KUKA
CHINA	WOTSITSA
KONA	MFUNDO
CHIKOMO	ONANGA
WATOPA	KUCHIRITSA
WOPANDA	WOYAMBIRA
CHIKWANGWANI	ZINTHU
ZOKHALA	LUSO
AMAGLOVU	MPHAMVU

85 - Countries #2

```
P W P H R O B L E Q U X I J
P B L S O Z Z I E S O A A A
C H A O C I X E M B Y D V P
F O I M G R E E C E A R B A
V K R A M N E D Q K T N I N
H T E L A P E N A D U S O A
D A G I Y X N A I U E A C N
B I I A M B I T R G T L O R
Y S N T M P A S E A H B J Z
F S B T I E R I B N I A K F
C U M R S V K K I D O N E E
X R T K O M U A L A P I N V
J A M A I C A P V J I A Y U
L Y I X V G W I P A A G A Q
```

ALBANIA	MEXICO
DENMARK	NEPAL
ETHIOPIA	NIGERIA
GREECE	PAKISTAN
HAITI	RUSSIA
JAMAICA	SOMALIA
JAPAN	SUDAN
KENYA	SYRIA
LEBANON	UGANDA
LIBERIA	UKRAINE

86 - Ecology

```
C T Y K Q H C H I L A L A K
H H F A U N A V R F V G Q U
O K I Z D I M A I Z H A Y S
Z Z Z L D X E Z H S K Y A I
A O I P E N I R A M A G H Y
M C N O W N H A B I T A T A
B H S O D A G R C R E Y N N
I I I R I Q O E F Y B C I A
R T N N L Z W M D L O R S G
I I S I A Q H O I W O M U L
O K I Z H X I Z L Y E R K O
L A N M K M A P I R I K A B
Z A C H I L E N G E D W E A
L K U P U L U M U K A G U L
```

KHALIDWE	MAPIRI
MIDZIKO	ZACHILENGEDWE
KUSIYANA	CHILENGEDWE
CHILALA	ZAMBIRI
FAUNA	ZINSINSI
FLORA	KUPULUMUKA
GLOBAL	ZOCHITIKA
HABITAT	KUSINTHA
MARINE	ZOMERA

87 - Adjectives #2

```
W Z A C H I L E N G E D W E
A C Y A U M I T S A F A H W
P Z H P E W D I L A H K A Z
A O G A I Z O N I W B A Z W
T L R G T I Z T J S A K O O
S E N E K S V X H A R O K D
I N H F J D O K T O E L O Z
D G N G F G X P G M N D T I
W A A J D R A P A I E A O W
A R I D A Y N O W N Y U F I
K L T T I L B V N T O U U K
E R E H C M A Z F Z Z Y K A
W O T H E N G A G N E T U K
Z O C H I T I K A C A D O E
```

ZOYENERA
ZOLENGA
KUFOTOKOZA
ZOCHITIKA
YAUMITSA
ZAKHALIDWE
WODZIWIKA
WAPATSIDWA
KUTENGA

NJALA
ZACHILENGEDWE
CHATSOPANO
ZABWINO
WONYADIRA
WOTHENGA
ZAMCHERE
WOTHONA

88 - Psychology

```
U M M Z K U S A N G A N A Z
W A A O Z M U M D M O E K O
A L K C O A O T U V Z B U K
N A H H O N I G H J I J D H
A N A I N K C W E S N O Z U
Z G L T A H S D T G A M I D
U I I I N W N E A C G A W Z
N Z D K L A O K V Y A L A A
K O W A I L C M U M M O K J
U U E O B A B O U K H T C I
Y K R U N S U Q W N H O D P
E A R T G K S X N Z T A P V
S C L I N I C A L R J H L M
A K U M B U K U M B U U U A
```

KUKHALA
KUYESA
MAKHALIDWE
UWANA
CLINICAL
KUDZIWA
KUSANGANA
MALOTO
EGO
ZOCHITIKA

MALANGIZO
ZOKHUDZA
KUMBUKUMBU
MUNTHU
VUTO
ZOONA
ZONSE
SUBCONSCIOUS
MANKHWALA
MAGANIZO

89 - Math

```
P O L Y G O N A G U O Z P E
Q U R R O A G R G Z Q O A Q
A C R E T E M I R E P T R U
V B E T A D L T C W V H A A
Y E X E X O V H X N O A L T
C S B M W A L M T A L N L I
S Q U A R E E E U J U D O O
B K L I C S I T G P M I G N
R Y A D C U R I F N E Z R L
A F M N C D X C A H A A A P
D V I C G C H I G A W A M W
I X C H Q A G E O M E T R Y
U D E N W T N E N O P X E K
S Q D F M Q X I R A B M A N
```

ANGELO
ARITHMETIC
DECIMAL
DIAMETER
EQUATION
EXPONENT
CHIGAWA
GEOMETRY
NAMBARI

ZOTHANDIZA
PARALLOGRAM
PERIMETER
POLYGON
RADIUS
KANGANI
SQUARE
VOLUME

90 - Water

```
N Y A N J A L U V M S C M Z
F C R M A F U N D E H H K O
N H I A B M A S A M A I U M
Z I R K U T P U H A M N L W
B S I U Y S F R T E B Y U E
T A H F R I C R B T A E W T
A N T U N N H E O S S V A S
M U U K G J I W L S J U M A
Q O K G A E G E L X T K K V
U B N E N D U Y X B M K U Q
D F L S O A M N W H A C L M
G X O A O V U I C E O W U H
X I J U S J L H G E Y S E R
Q E Q M C E A C S E C X A G
```

NGANO   NYANJA
ZOMWETSA   CHINYEWE
KUFUKA   MONSO
CHIGUMULA   MVULA
FROST   MTSINJE
GEYSER   SHAMBA
CHINYEVU   CHISANU
MKULU WAMKULU   STEAM
ICE   MASAMBA
KUTHIRIRA   MAFUNDE

91 - Activities

```
N F E I M G N T Y K B Z A Z
K K A G N E R E W U K O R O
G F A N I V U K R L L T T P
Z A P M O C O T F I U H C H
E O D Y B O R W S M S A L U
M Q C M Z I E I K A O N B N
T A A H L I W Z U M O D Q Z
Z Z L V I T E N P U V I A I
N E U A E T S U A N N Z V T
I P P G N V A H N D Y A U S
X U U R N G M T D A W V I A
V K K H P A I I A K E S U K
A B M O S N A Z E W U K W T
R M A R E W D N O K U K J U
```

ART	ZOCHITA
NKAMBI	MALANGIZO
KUVINA	ZITHUNZI
KUWEZA NSOMBA	KUKONDWERA
MASEWERO	ZOPHUNZITSA
KULIMA MUNDA	KUWERENGA
KUPANDA	KUPULA
KUPEZA	KUSEKA
ZOTHANDIZA	LUSO

92 - Business

```
P Q H B T R A N S A T I O N N
H I U A A W W J O Y M F E H
I E O J C A M A L A D N K N
N X G E U N Y M B I E Q V D
D S N T F T N U O C S I D O
U Y E I A C A H T R I I B N
B R T L F H P C I O D I F D
S O M D G I M A H S N M L O
M T S S W T O Z C A A P E M
E C M S O O C P T L H O R E
N A G S V N Y W N E C R V K
E F U C I H K D B V R T R O
J J L K U P Z H R N E J O Y
A Q U O Z K L O O P M R Z D
```

BOSS	NDONDOMEKO
BAJETI	MENEJA
COMPANY	MERCHANDISE
MTENGO	NDALAMA
DISCOUNT	OFISI
ZACHUMA	PHINDU
WANTCHITO	SALE
NTCHITO	GULU
FACTORY	MSONKHO
IMPORT	TRANSATION

93 - The Company

```
G V X B N O V O C Z Z N Z Z
Z O C H I T A W C O O D O J
G W P M R I E A H C P O L K
L A R A I H S K I H H N E M
O G O L B C V H K I U D N A
B X D I M T G A H T N O G L
A T U P A N J L A I Z M A A
L M C I Z X V I L K I E W N
L P T R U H V D I A T K G G
F E D O W T P W D C S O P I
N D A L A M A E W B A X O Z
B I Z I N E S I E O S O V O
R O S K U K H A L I D W E J
M B I R I I N D U S T R Y L
```

BIZINESI
ZOLENGA
GAWO
NTCHITO
GLOBAL
INDUSTRY
ZOPHUNZITSA
NDONDOMEKO
ZOCHITIKA
CHIKHALIDWE

PRODUCT
WAKHALIDWE
UKHALIDWE
MBIRI
ZAMBIRI
NDALAMA
ZOCHITA
MALANGIZO
MALIPIRO

94 - Literature

```
W O T S I R I Z A C D A B K
R M X K O S Z E Z N E U M U
U B R J G O U T E D S T X S
M A G A N I Z O P A C H E A
A C Y M E L R D O K R O N N
K N I G T E H C Z A I R T G
M U A N M V Y E I T P W L A
T E F L S O T N K U T U M L
S F T A O N H A M L I X A A
O E T A N G M Y R O O U W L
K N A A P A Y K H P N U U A
A C M I O H N O Y O M A Z C
Z N P E X W O A M N O D L Y
R Z D O U L W R E M O X E U
```

ANALOGY	WOTSIRIZA
KUSANGALALA	NOVELI
ANECDOTE	MAGANIZO
AUTHOR	NDAKATULO
ZAMOYO	RHYME
KUFANANA	RHYTHM
DESCRIPTION	MTENGO
ZOPEZA	MUTU
METAPHOR	TSOKA

95 - Geography

```
Y  J  A  O  E  D  U  T  I  G  N  O  L  K
E  N  T  T  B  Z  T  C  S  L  M  T  S  O
D  P  A  M  O  I  N  D  X  G  X  M  B  N
L  Z  W  B  L  K  U  O  U  W  N  C  T  T
O  K  I  F  G  O  J  W  R  Z  Z  T  K  E
N  U  Z  K  X  L  M  W  O  T  I  H  H  N
N  K  D  U  O  A  M  I  T  M  H  A  G  T
C  W  U  E  G  P  R  N  Y  A  N  J  A  I
I  E  K  T  Y  A  A  O  C  H  U  L  R  Y
T  K  Z  E  J  N  I  S  T  M  C  Z  H  A
Y  A  V  A  W  S  I  H  C  A  T  L  A  S
Z  M  T  K  M  I  R  I  H  P  U  W  F  S
D  M  S  C  H  I  G  A  W  O  A  Q  A  N
T  E  R  R  I  T  O  R  Y  O  Z  K  E  P
```

ATLAS	LONGITUDE
CITY	MAP
KONTENTI	PHIRI
DZIKO	NORTH
KUKWEKA	CHIGAWO
EQUATOR	MTSINJE
GLOBE	NYANJA
DZIKO LAPANSI	KUDZIWA
CHISWA	TERRITORY
MTIMA	

96 - Pets

```
M O C R J L Z K I T T E N G
K A L U L U W I Z D A M Y U
Z B K G U L L W K V R R W U
N M B O K A V N T O R R A P
Q A E J O G D F Z V N P L L
N K Q B Z L U T N B V G T S
A A Y D U K A H C X Q B O B
I Z A K A N Y A M A T A T C
M K Q D P S I N G O M B E A
Q B T R E T S M A H Y X W T
Q U U A R I H C M B Z X A Z
K W O Z R O M Z Q P M G N D
S J K I I E N S O M B A A Y
V U K L M B E W A L U R W T
```

CAT
ZIKONGO
KOOLA
NG'OMBE
GALU
NSOMBA
CHAKUDYA
MBUZI
HAMSTER
KITTEN

LIZARD
MBEWA
PARROT
WANAWE
KALULU
MCHIRA
AKAMBA
AKANYAMATA
MADZI

97 - Jazz

```
C D N V E P C W M M O K C E
Z Q Y Z M Z O O T C R U O C
M Q I F E H M D U H C S M G
T U M P L H P Z N A H I P L
R T B Y A M O I D T E N O Z
E A O L K T S W U S S T S T
C R S Z A E E I N O T H I K
N G O M A N R K A P R A T U
O T Z T X G H A R A A U I K
C G O W A O A E T N L N O O
N W A K V L Y O I O C B N N
R H Y T H M E K S Z Z V B Z
Z O K O N D A N T A D K T A
A M A W A M B A T N Y B P P
```

ALBUM	MTUNDU
AMAWAMBA	KUKONZA
ARTIST	CHATSOPANO
COMPOSER	AKALE
COMPOSITION	ORCHESTRA
CONCERT	RHYTHM
NG'OMA	NYIMBO
KUSINTHA	MTENGO
WODZIWIKA	TALENT
ZOKONDA	

98 - Nature

```
U Y E J N I S T M I M G I M
L T W L O T F T T Y A K O I
A U G Q L B H O L W P U N T
R N Y U C H I A I F I K C U
C C H O Y E R A N E R O H N
T Z O F U N I K A G I N I D
I K U K O N O K A S O G P U
C N W N N Z O V B E P O U F
U W Y Z G L O L M R O L L G
A B Q A T W V U A E P A U L
C P Q R M C M V S N A F L C
I F W K A A U M T E N M U I
Z G T R O P I C A L D W K E
U F U N G U A E M S A Z K R
```

NYAMA   NTHANGO
ARCTIC   GLCIER
KUKONGOLA   MAPIRI
NYUCHI   MTSINJE
MITUNDU   CHOYERA
CHIPULULU   SERENE
KUKONOKA   POPANDA
UFUNGU   TROPICAL
MATSAMBA   ZOFUNIKA

99 - Vacation #2

```
M P U B Y G X N R F K T U Z
P A C A F I B M A K N W L Q
A M Y N A R L E G E D N E P
S R I E J B M Z A T L I N H
S E O S N A M O K C A G D U
P S W W A D U Y C N H X O N
O T A U Y R E Z H I V W I Z
R A N Z N M J D B R Y A Z I
T U T T E N T A W B X C O T
I R C H O T E L O E O H C S
X A H I U W P O D A I I H I
B N I R I P A M H V H N I L
X T T Z A C H I S W A J T J
E V O V I S A T D R M A A N
```

NDEGE   MAP
BEACH   MAPIRI
NKAMBI   PASSPORT
KOMANSO   RESTAURANT
WACHINJA   NYANJA
WA NTCHITO   TAXI
HOTELO   TENTA
CHISWA   PHUNZITSI
ULENDO   MAYENDEDWE
ZOCHITA   VISA

100 - Electricity

```
A W Z X G I V M F M Z K Z C
J V W J Z R V A O A I Q O K
K K X L C I L H O G P D S C
R E S A L T N I N N A M A H
O N I W B A Z T I E N S V I
W A T V P B C I H T G G U K
T Q U A N T I T Y U I E T W
E W L H S Y R L G F Z N A A
N A U T O W T S A L O E Z N
W W B N C F C K P M J R T G
P A M I K T E S C U P A J W
P Y U S E P L H C P V T S A
K A D U T E E O V I A O H N
P Z B K J T K R Q H D R F I
```

BATIRI
BULU
CHIKWANGWANI
ELECTRIC
ZIPANGIZO
GENERATOR
LAMP
LASER
MAGNET
ZOSAVUTA

NETWORK
ZINTHU
ZABWINO
QUANTITY
SOCKET
KUSINTHA
FOONI
WATV
WAWAYA

1 - Antiques

2 - Food #1

3 - Exploration

4 - Measurements

5 - Farm #2

6 - Books

7 - Meditation

8 - Days and Months

9 - Energy

10 - Archeology

11 - Food #2

12 - Chemistry

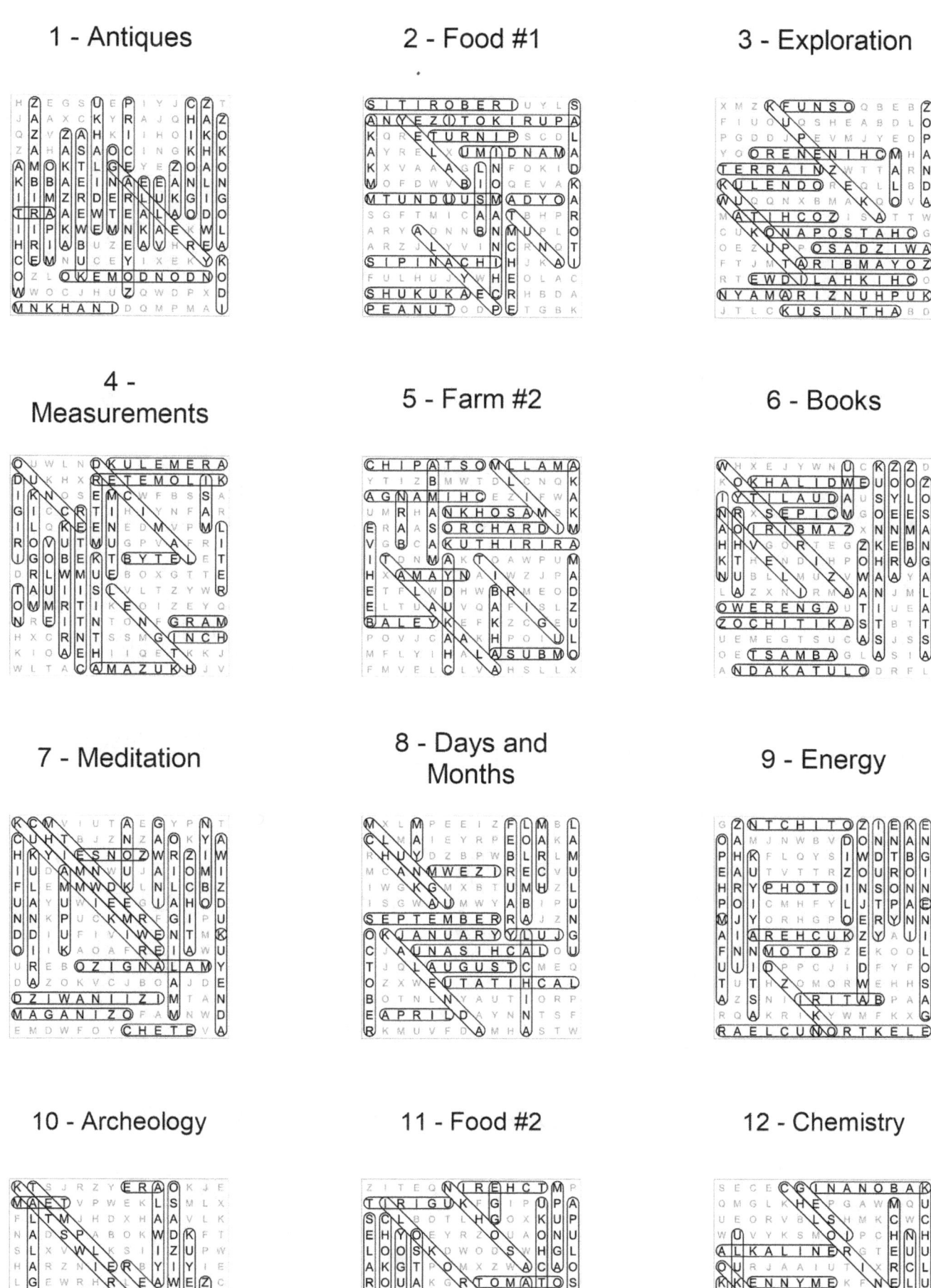

13 - Music

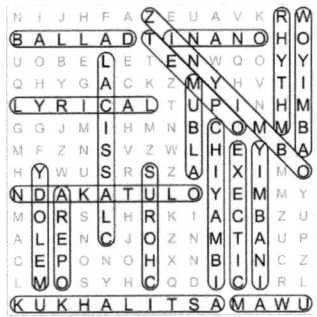

14 - Family

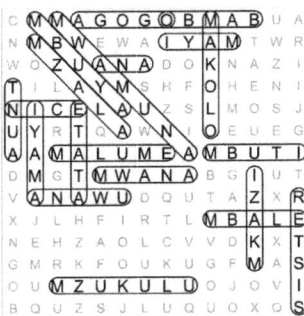

15 - Farm #1

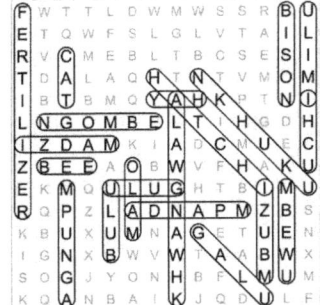

16 - Camping

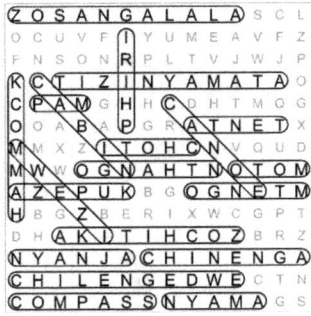

17 - Algebra

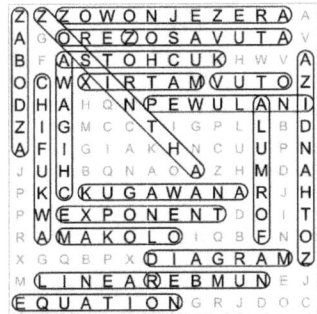

18 - Spices

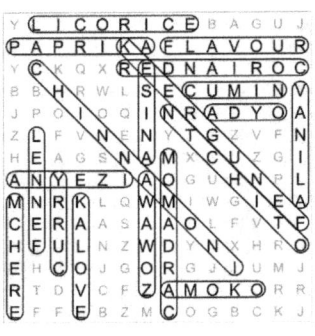

19 - Universe

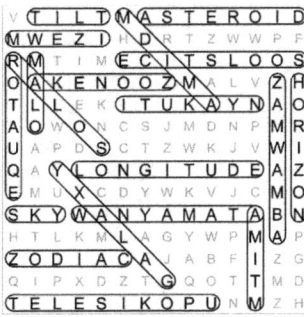

20 - Mammals

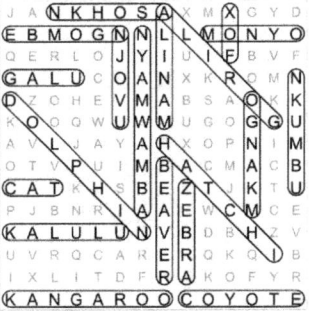

21 - Restaurant #1

22 - Bees

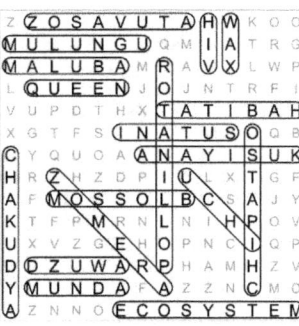

23 - Photography

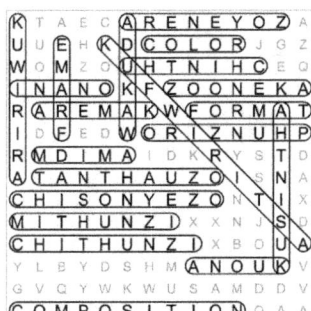

24 - Weather

25 - Adventure

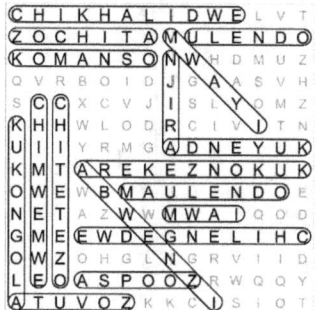

26 - Sport

27 - Circus

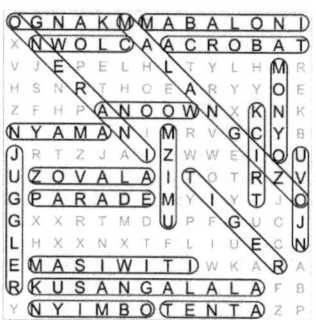

28 - Geology

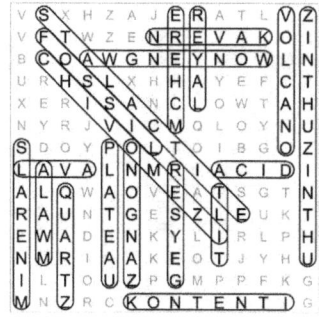

29 - House

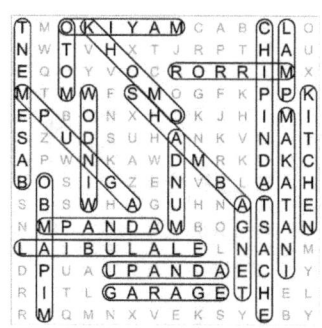

30 - Physics

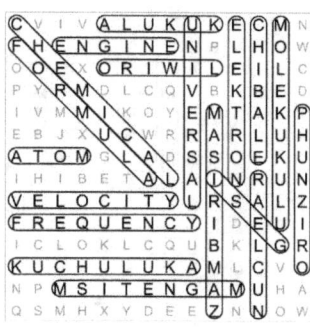

31 - Coffee

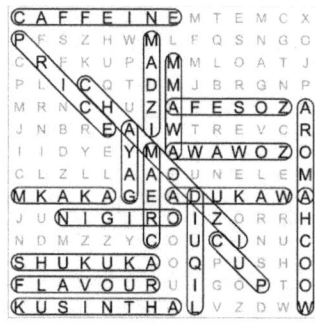

32 - Shapes

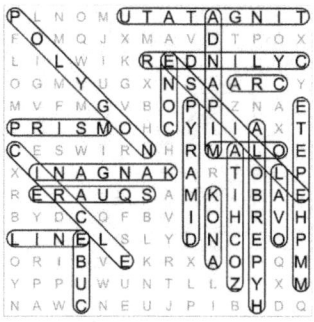

33 - Scientific Disciplines

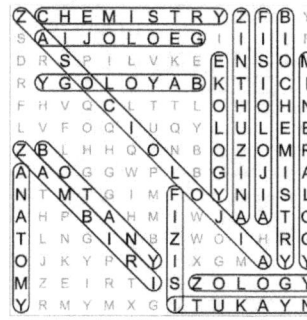

34 - Science

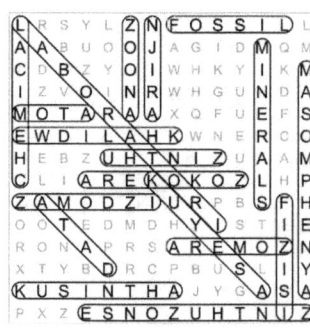

35 - Beauty

36 - Clothes

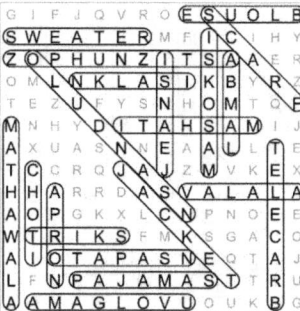

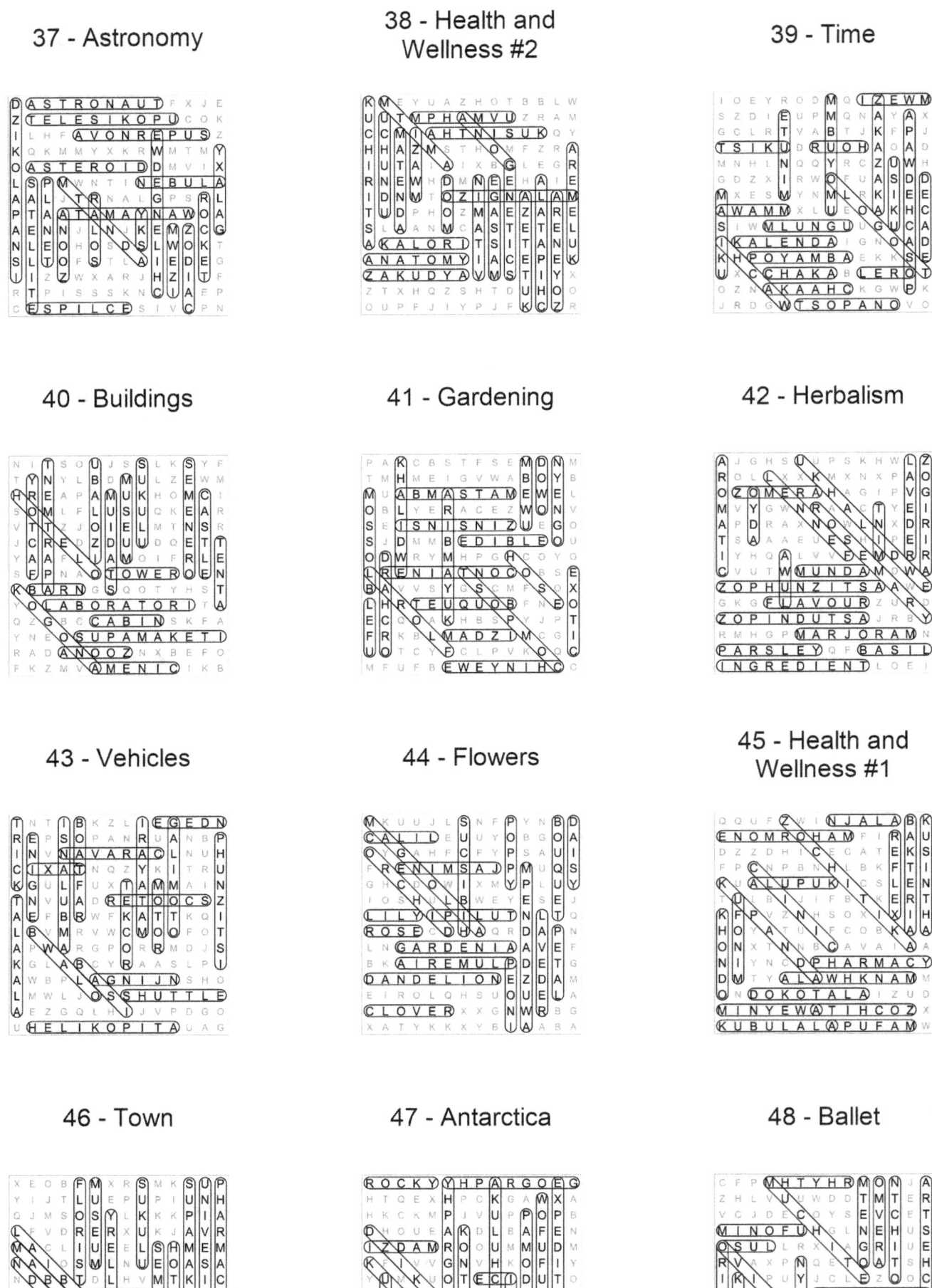

37 - Astronomy

38 - Health and Wellness #2

39 - Time

40 - Buildings

41 - Gardening

42 - Herbalism

43 - Vehicles

44 - Flowers

45 - Health and Wellness #1

46 - Town

47 - Antarctica

48 - Ballet

49 - Fashion

50 - Human Body

51 - Musical Instruments

52 - Fruit

53 - Engineering

54 - Kitchen

55 - Government

56 - Art Supplies

57 - Science Fiction

58 - Geometry

59 - Airplanes

60 - Birds

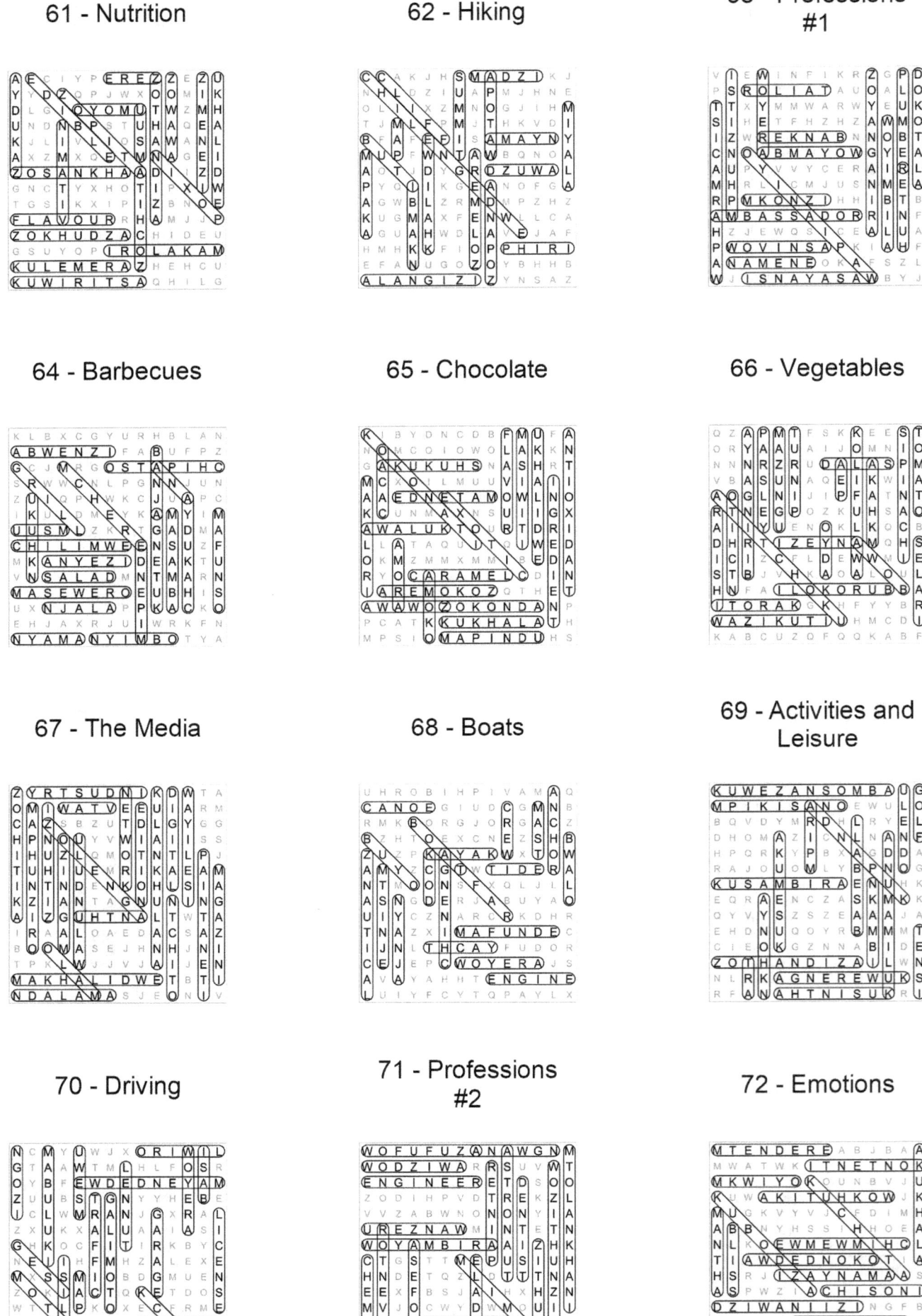

61 - Nutrition

62 - Hiking

63 - Professions #1

64 - Barbecues

65 - Chocolate

66 - Vegetables

67 - The Media

68 - Boats

69 - Activities and Leisure

70 - Driving

71 - Professions #2

72 - Emotions

73 - Mythology

74 - Hair Types

75 - Garden

76 - Diplomacy

77 - Countries #1

78 - Adjectives #1

79 - Rainforest

80 - Technology

81 - Landscapes

82 - Visual Arts

83 - Plants

84 - Boxing

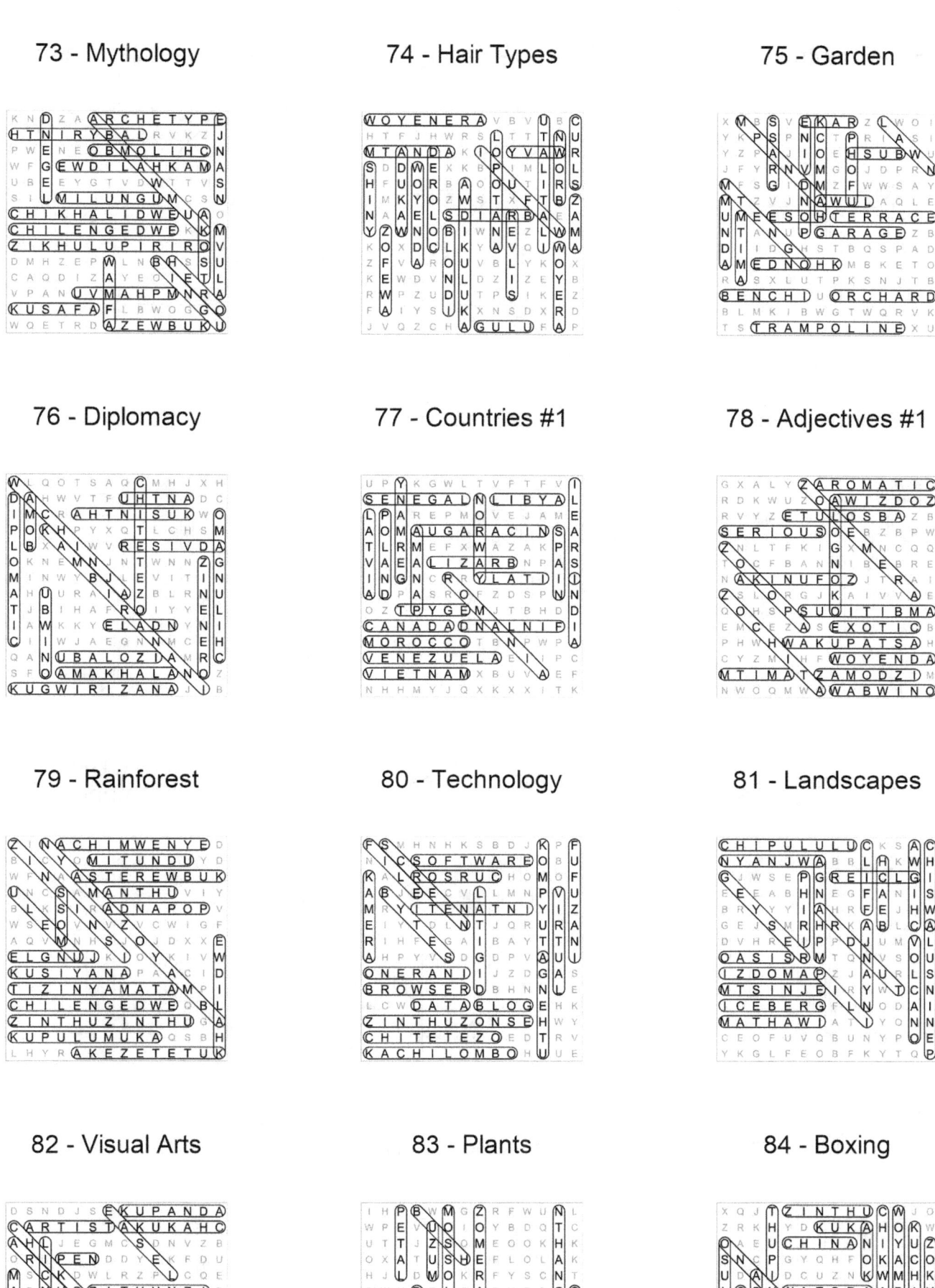

85 - Countries #2

86 - Ecology

87 - Adjectives #2

88 - Psychology

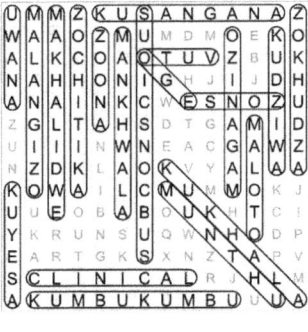

89 - Math

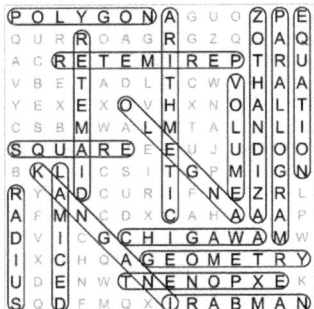

90 - Water

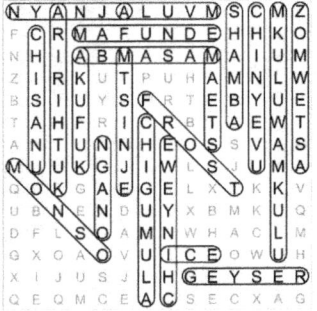

91 - Activities

92 - Business

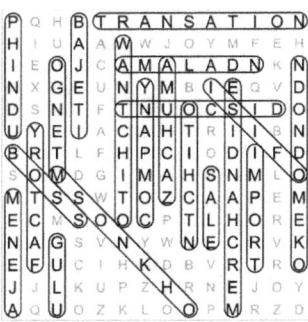

93 - The Company

94 - Literature

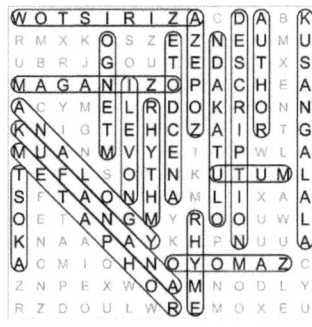

95 - Geography

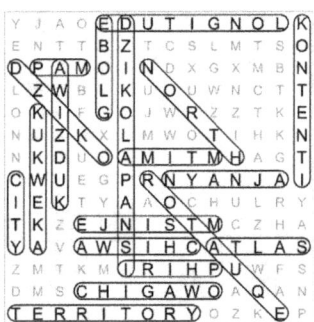

96 - Pets

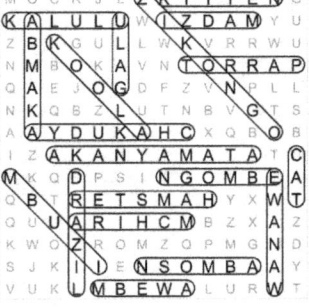

97 - Jazz

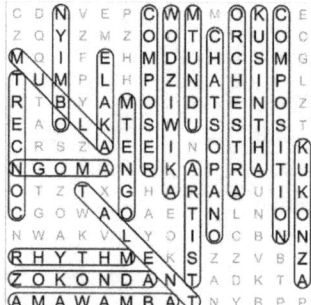

98 - Nature

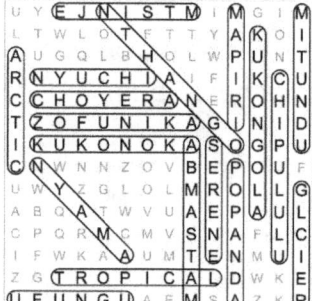

99 - Vacation #2

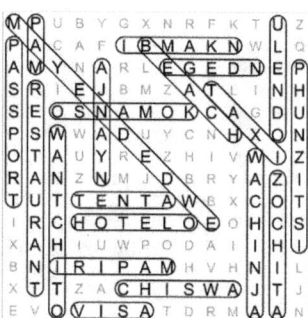

100 - Electricity

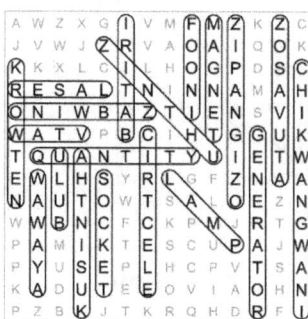

Dictionary

Activities
Zochita

Art	Art
Camping	Nkambi
Dancing	Kuvina
Fishing	Kuweza Nsomba
Games	Masewero
Gardening	Kulima Munda
Hiking	Kupanda
Hunting	Kupeza
Interests	Zothandiza
Leisure	Zochita
Magic	Malangizo
Photography	Zithunzi
Pleasure	Kukondwera
Puzzles	Zophunzitsa
Reading	Kuwerenga
Relaxation	Kupula
Sewing	Kuseka
Skill	Luso

Activities and Leisure
Zochita ndi Zopuma

Art	Art
Baseball	Baseball
Boxing	Nkhonya
Camping	Nkambi
Diving	Kuwerenga
Fishing	Kuweza Nsomba
Gardening	Kulima Munda
Golf	Golf
Hiking	Kupanda
Hobbies	Zothandiza
Racing	Mpikisano
Relaxing	Kusintha
Shopping	Kutenga
Soccer	Mpira
Surfing	Kusemuka
Swimming	Kusambira
Tennis	Tensi
Travel	Ulendo
Volleyball	Mpila Wavolo

Adjectives #1
Adjectives #1

Absolute	Absolute
Ambitious	Ambitious
Aromatic	Aromatic
Artistic	Zochita
Attractive	Zokopa
Beautiful	Okongola
Dark	Mtima
Exotic	Exotic
Generous	Wakupatsa
Happy	Wabwino
Heavy	Zolemera
Helpful	Zothandiza
Honest	Woona Mtima
Identical	Zodziwa
Important	Zofunika
Modern	Zamodzi
Serious	Serious
Slow	Wocheza
Thin	Woyenda
Valuable	Wamtengo

Adjectives #2
Adjectives #2

Authentic	Zoyenera
Creative	Zolenga
Descriptive	Kufotokoza
Dramatic	Zochitika
Dry	Yaumitsa
Elegant	Zakhalidwe
Famous	Wodziwika
Gifted	Wapatsidwa
Hot	Kutenga
Hungry	Njala
Interesting	Zosangalatsa
Natural	Zachilengedwe
New	Chatsopano
Normal	Zabwino
Proud	Wonyadira
Responsible	Wothenga
Salty	Zamchere
Sleepy	Wothona
Strong	Zothandiza
Wild	Zochitika

Adventure
Zosangalatsa

Activity	Zochita
Beauty	Kukongola
Chance	Mwayi
Dangerous	Zoopsa
Destination	Komanso
Difficulty	Zovuta
Enthusiasm	Chikhalidwe
Excursion	Ulendo
Friends	Abwenzi
Itinerary	Njira
Joy	Chimwemwe
Nature	Chilengedwe
Navigation	Kuyenda
New	Chatsopano
Opportunity	Mwai
Preparation	Kukonzekera
Safety	Chitetezo
Surprising	Zodabwitsa
Travels	Maulendo
Unusual	Zazambirire

Airplanes
Ndege

Adventure	Zochitika
Air	Mphepo
Atmosphere	Mtima
Balloon	Baluoni
Construction	Zamango
Crew	Crew
Descent	Dscent
Design	Dongo
Direction	Direction
Engine	Engine
Fuel	Mafuta
Height	Kusintha
History	Mbiri
Hydrogen	Za Harojini
Landing	Kutala
Passenger	Wokwera
Pilot	Woyambira
Propellers	Malangizo
Sky	Sky
Turbulence	Chipwirikiti

Algebra
Algebra

Addition	Zowonjezera
Diagram	Diagram
Division	Kugawana
Equation	Equation
Exponent	Exponent
Factor	Chifukwa
False	Zabodza
Formula	Formula
Fraction	Chigawa
Infinite	Zosavuta
Linear	Linear
Matrix	Matrix
Number	Number
Parenthesis	Makolo
Problem	Vuto
Simplify	Pewulani
Solution	Zothandiza
Subtraction	Kuchotsa
Variable	Zosintha
Zero	Zero

Antarctica
Antarctica

Bay	Bay
Birds	Zinthu Zinthu
Clouds	Mitundu
Conservation	Kuchenjezera
Continent	Kontenti
Cove	Pamodzi
Environment	Dziko
Expedition	Expedition
Geography	Geography
Glaciers	Glciers
Ice	Ice
Islands	Ziisi
Migration	Kusamuka
Peninsula	Peninsula
Researcher	Wofufuza
Rocky	Rocky
Scientific	Sayansi
Temperature	Kuchuluka
Topography	Topography
Water	Madzi

Antiques
Zakale

Art	Art
Auction	Mnkhani
Authentic	Zoyenera
Century	Zaka Zaka
Coins	Kodi
Decades	Zaka
Decorative	Zokongola
Elegant	Zakhalidwe
Enthusiast	Wochitika
Furniture	Mipambo
Gallery	Gallery
Investment	Ndondomeko
Old	Akale
Price	Price
Quality	Ukhalidwe
Restoration	Kubweretsa
Sculpture	Chikongo
Style	Mtengo
Unusual	Zazambirire
Value	Value

Archeology
Archaeology

Analysis	Kusangalala
Antiquity	Akale
Bones	Mafupa
Civilization	Tukulu
Descendant	Wotsitsa
Era	Era
Evaluation	Kuyesa
Expert	Katswiri
Findings	Zopeza
Forgotten	Ayiwala
Fossil	Fossil
Fragments	Zidukwa
Mystery	Chinsinsi
Objects	Zinthu
Relic	Relic
Researcher	Wofufuza
Team	Team
Temple	Temple
Tomb	Manda
Unknown	Osadziwa

Art Supplies
Art Supplies

Brushes	Masabashi
Camera	Kamera
Chair	Mpanda
Charcoal	Makala
Clay	Dongo
Colors	Mitundu
Crayons	Makalayoni
Creativity	Kulenga
Easel	Easel
Eraser	Eraser
Glue	Gulu
Ideas	Malangizo
Ink	Ink
Oil	Mafuta
Paints	Penzi
Paper	Paper
Pencils	Mapensi
Table	Tebulo
Water	Madzi
Watercolors	Zinthu Zamati

Astronomy
Zakuthambo

Asteroid	Asteroid
Astronaut	Astronaut
Astronomer	Wanyamata
Constellation	Mtanda
Earth	Dziko Lapansi
Eclipse	Eclipse
Galaxy	Galaxy
Moon	Mwezi
Nebula	Nebula
Observatory	Zoona
Planet	Planet
Radiation	Mankhwala
Rocket	Rocket
Satellite	Satellite
Sky	Sky
Solar	Solar
Supernova	Supernova
Telescope	Telesikopu
Universe	Chilengedwe
Zodiac	Zodiac

Ballet
Ballet

Applause	Amawamba
Artistic	Zochita
Audience	Omvera
Ballerina	Ballerina
Choreography	Choreography
Composer	Composer
Dancers	Ovina
Graceful	Wachisomo
Intensity	Kukhala
Lessons	Maphunziro
Muscles	Minofu
Music	Nyimbo
Orchestra	Orchestra
Practice	Muchite
Rehearsal	Kukwezera
Rhythm	Rhythm
Skill	Luso
Solo	Solo
Style	Mtengo
Technique	Ntchito

Barbecues
Zakudya Zokhwasula-Khwas

Chicken	Nkhuku
Children	Ana
Family	Banja
Food	Chakudya
Forks	Mafunso
Friends	Abwenzi
Fruit	Chipatso
Games	Masewero
Grill	Grill
Hot	Kutenga
Hunger	Njala
Knives	Mipende
Music	Nyimbo
Onions	Anyezi
Salads	Salad
Salt	Mchere
Sauce	Msuu
Summer	Chilimwe
Tomatoes	Nyama
Vegetables	Masamba

Beauty
Kukongola

Charm	Chithunzi
Color	Color
Cosmetics	Zotsatira
Curls	Curls
Elegance	Kukongola
Elegant	Zakhalidwe
Fragrance	Kunthawitsa
Grace	Chisomo
Lipstick	Lipstick
Mascara	Mascara
Mirror	Mirror
Oils	Mafuta
Scent	Scent
Scissors	Masaka
Services	Ntchito
Shampoo	Shampoo
Skin	Khondo
Smooth	Zosavuta
Stylist	Stylist

Bees
Njuchi

Beneficial	Zopindutsa
Blossom	Blossom
Diversity	Kusiyana
Ecosystem	Ecosystem
Flowers	Maluba
Food	Chakudya
Fruit	Chipatso
Garden	Munda
Habitat	Habitat
Hive	Hiv
Honey	Uchi
Insect	Tizinyamata
Plants	Zomera
Pollen	Mulungu
Pollinator	Pollinator
Queen	Queen
Smoke	Sutani
Sun	Dzuwa
Swarm	Zosavuta
Wax	Wax

Birds
Mbalame

Canary	Canary
Chicken	Nkhuku
Crow	Khwangwala
Cuckoo	Kukoo
Duck	Bakha
Eagle	Mphungu
Egg	Egg
Flamingo	Flamingo
Goose	Tsekwe
Gull	Gulu
Heron	Heron
Ostrich	Nthiwatiwa
Parrot	Parrot
Peacock	Pikoko
Pelican	Pelican
Penguin	Penguin
Sparrow	Sparrow
Stork	Stork
Swan	Swan
Toucan	Toucan

Boats
Mabwato

Anchor	Anchor
Buoy	Buyo
Canoe	Canoe
Crew	Crew
Dock	Dock
Engine	Engine
Ferry	Bwalo
Kayak	Kayak
Lake	Nyanja
Mast	Mast
Nautical	Za Nautical
Raft	Raft
River	Mtsinje
Rope	Chinenga
Sailboat	Boat
Sailor	Woyera
Tide	Tide
Waves	Mafunde
Yacht	Yacht

Books
Mabuku

Adventure	Zochitika
Author	Author
Character	Khalidwe
Collection	Kusonkhanitsa
Duality	Duality
Epic	Epic
Historical	Za Mbiri
Humorous	Zosangalatsa
Inventive	Zothandiza
Literary	Zolemba
Narrator	Wotsiriza
Novel	Noveli
Page	Tsamba
Poetry	Ndakatulo
Reader	Owerenga
Relevant	Zoyenera
Story	Nkhani
Tragic	Zowatsa
Words	Mawu
Written	Zolembedwa

Boxing
Nkhonya

Bell	Belo
Body	Thupi
Chin	China
Corner	Kona
Elbow	Chikomo
Exhausted	Watopa
Fighter	Wopanda
Fist	Chikwangwani
Focus	Zokhala
Gloves	Amaglovu
Injuries	Kubulala
Kick	Kuka
Opponent	Wotsitsa
Points	Mfundo
Quick	Onanga
Recovery	Kuchiritsa
Referee	Woyambira
Ropes	Zinthu
Skill	Luso
Strength	Mphamvu

Buildings
Nyumba

Apartment	Apartment
Barn	Barn
Cabin	Cabin
Castle	Castle
Cinema	Cinema
Embassy	Ubalozi
Factory	Factory
Hospital	Chipatala
Hostel	Kogona
Hotel	Hotelo
Laboratory	Laboratori
Museum	Museum
Observatory	Zoona
School	Sukulu
Stadium	Stadium
Supermarket	Supamaketi
Tent	Tenta
Theater	Semenero
Tower	Tower
University	Univesite

Business
Bizinesi

Boss	Boss
Budget	Bajeti
Company	Company
Cost	Mtengo
Discount	Discount
Economics	Zachuma
Employee	Wantchito
Employer	Ntchito
Factory	Factory
Import	Import
Investment	Ndondomeko
Manager	Meneja
Merchandise	Merchandise
Money	Ndalama
Office	Ofisi
Profit	Phindu
Sale	Sale
Shop	Gulu
Taxes	Msonkho
Transaction	Transation

Camping
Kumanga Msasa

Adventure	Zochitika
Animals	Nyama
Cabin	Cabin
Canoe	Canoe
Compass	Compass
Fire	Moto
Forest	Nthango
Fun	Zosangalala
Hammock	Hammock
Hat	Choti
Hunting	Kupeza
Insect	Tizinyamata
Lake	Nyanja
Map	Map
Moon	Mwezi
Mountain	Phiri
Nature	Chilengedwe
Rope	Chinenga
Tent	Tenta
Trees	Mtengo

Chemistry
Chemistry

Acid	Acid
Alkaline	Alkaline
Carbon	Kabonani
Catalyst	Catalyst
Chlorine	Chlorine
Electron	Elektron
Enzyme	Ennyme
Gas	Gesi
Heat	Kuchera
Hydrogen	Za Harojini
Ion	Ion
Liquid	Liquid
Metals	Zinthu
Molecule	Molekukulu
Nuclear	Nuclear
Organic	Organic
Oxygen	Oksigani
Salt	Mchere
Temperature	Kuchuluka
Weight	Kulemera

Chocolate
Chokoleti

Antioxidant	Antioxidant
Aroma	Aroma
Bitter	Zowawa
Cacao	Cacao
Calories	Makalori
Candy	Masiwiti
Caramel	Caramel
Coconut	Kokonati
Craving	Kukhala
Delicious	Zokomera
Exotic	Exotic
Favorite	Zokonda
Flavor	Flavour
Ingredient	Ingredient
Peanuts	Matende
Quality	Ukhalidwe
Recipe	Mapindu
Sugar	Shukuka
Sweet	Okoma
Taste	Kulawa

Circus
Circus

Acrobat	Acrobat
Animals	Nyama
Balloons	Mabaloni
Candy	Masiwiti
Clown	Clown
Costume	Zovala
Elephant	Njovu
Entertain	Kusangalala
Juggler	Juggler
Lion	Mkango
Magic	Malangizo
Magician	Mzimu
Monkey	Monyo
Music	Nyimbo
Parade	Parade
Show	Onerani
Spectator	Woona
Tent	Tenta
Tiger	Tiger
Trick	Trick

Clothes
Zovala

Apron	Apron
Belt	Lamba
Blouse	Blouse
Bracelet	Bracelet
Dress	Valala
Fashion	Zophunzitsa
Gloves	Amaglovu
Hat	Choti
Jacket	Jacket
Jeans	Jeansi
Necklace	Nklasi
Pajamas	Pajamas
Pants	Mathawala
Sandals	Nsandulo
Scarf	Scarf
Shirt	Mashati
Shoe	Nsapato
Skirt	Skirt
Socks	Masoksi
Sweater	Sweater

Coffee
Khofi

Aroma	Aroma
Beverage	Chamodzi
Bitter	Zowawa
Black	Wakuda
Caffeine	Caffeine
Cream	Cream
Cup	Cup
Filter	Zosefa
Flavor	Flavour
Grind	Gaya
Liquid	Liquid
Milk	Mkaka
Morning	M'Mawa
Origin	Origin
Price	Price
Roasted	Woocha
Sugar	Shukuka
Variety	Kusintha
Water	Madzi

Countries #1
Mayiko #1

Brazil	Brazil
Canada	Canada
Egypt	Egypt
Finland	Finland
Germany	Germany
India	India
Israel	Israeli
Italy	Italy
Latvia	Latvia
Libya	Libya
Morocco	Morocco
Nicaragua	Nicaragua
Norway	Norway
Panama	Panama
Poland	Poland
Romania	Romania
Senegal	Senegal
Spain	Spain
Venezuela	Venezuela
Vietnam	Vietnam

Countries #2
Mayiko #2

Albania	Albania
Denmark	Denmark
Ethiopia	Ethiopia
Greece	Greece
Haiti	Haiti
Jamaica	Jamaica
Japan	Japan
Kenya	Kenya
Lebanon	Lebanon
Liberia	Liberia
Mexico	Mexico
Nepal	Nepal
Nigeria	Nigeria
Pakistan	Pakistan
Russia	Russia
Somalia	Somalia
Sudan	Sudan
Syria	Syria
Uganda	Uganda
Ukraine	Ukraine

Days and Months
Masiku ndi Miyezi

April	April
August	August
Calendar	Kalenda
February	February
Friday	Lachisanu
January	January
July	July
March	March
May	May
Monday	Lolemba
Month	Mwezi
November	November
October	October
Saturday	Lachitatu
September	September
Sunday	Lamulungu
Thursday	Lachina
Tuesday	Lachiwiri
Week	Mlungu
Year	Chaka

Diplomacy
Diplomacy

Adviser	Adviser
Ambassador	Ambassador
Community	Anthu
Conflict	Kusangana
Cooperation	Kugwirizana
Diplomatic	Diplomatic
Discussion	Kambiranani
Embassy	Ubalozi
Ethics	Amakhala
Foreign	Wachinja
Government	Boma
Humanitarian	Anthu
Integrity	Ubwino
Justice	Chilungamo
Languages	Zinenero
Politics	Ndale
Resolution	Kusintha
Security	Chitetezo
Solution	Zothandiza
Treaty	Chipangano

Driving
Kuyendetsa

Brakes	Mabuluki
Bus	Basi
Car	Galimoto
Danger	Ngozi
Driver	Woyera
Fuel	Mafuta
Garage	Garage
Gas	Gesi
License	License
Map	Map
Motor	Motor
Motorcycle	Njinga
Police	Polisi
Safety	Chitetezo
Speed	Liwiro
Street	Msewu
Traffic	Traffic
Transportation	Mayendedwe
Truck	Trick
Tunnel	Tunnel

Ecology
Ecology

Climate	Khalidwe
Communities	Midziko
Diversity	Kusiyana
Drought	Chilala
Fauna	Fauna
Flora	Flora
Global	Global
Habitat	Habitat
Marine	Marine
Mountains	Mapiri
Natural	Zachilengedwe
Nature	Chilengedwe
Resources	Zambiri
Species	Zinsinsi
Survival	Kupulumuka
Sustainable	Zochitika
Variety	Kusintha
Vegetation	Zomera
Volunteers	Wodzipereka

Electricity
Magetsi

Battery	Batiri
Bulb	Bulu
Cable	Chikwangwani
Electric	Electric
Equipment	Zipangizo
Generator	Generator
Lamp	Lamp
Laser	Laser
Magnet	Magnet
Negative	Zosavuta
Network	Network
Objects	Zinthu
Positive	Zabwino
Quantity	Quantity
Socket	Socket
Storage	Kusintha
Telephone	Fooni
Television	Watv
Wires	Wawaya

Emotions
Zomverera

Anger	Mkwiyo
Bliss	Bliss
Boredom	Kubodza
Calm	Dziwani Izi
Content	Kontenti
Embarrassed	Amanyazi
Excited	Okondedwa
Fear	Mantha
Grateful	Woyamikira
Joy	Chimwemwe
Love	Chikondi
Peace	Mtendere
Relaxed	Akukhala
Relief	Chipulumutso
Sadness	Chisoni
Satisfied	Wokhutika
Surprise	Zodabwitsa
Tenderness	Kuchita
Tranquility	Kuteteza

Energy
Mphamvu

Battery	Batiri
Carbon	Kabonani
Diesel	Dizilo
Electric	Electric
Electron	Elektron
Engine	Engine
Entropy	Entropy
Environment	Dziko
Fuel	Mafuta
Gasoline	Gasoline
Heat	Kuchera
Hydrogen	Za Harojini
Industry	Industry
Motor	Motor
Nuclear	Nuclear
Photon	Photo
Pollution	Kuyiyanitsa
Renewable	Zowonjezedwa
Turbine	Ntchito
Wind	Mphepo

Engineering
Engineering

Angle	Angelo
Axis	Axis
Calculation	Kuwerenga
Construction	Zamango
Depth	Kuzama
Diagram	Diagram
Diameter	Diameter
Diesel	Dizilo
Distribution	Kugawanidwa
Energy	Mphamvu
Engine	Engine
Gears	Magaiya
Levers	Levers
Liquid	Liquid
Machine	Makani
Measurement	Kupita
Motor	Motor
Propulsion	Kusonyeza
Stability	Kukhala
Structure	Kanjira

Exploration
Kufufuza

Activity	Zochita
Animals	Nyama
Courage	Kulimba Mtima
Cultures	Chikhalidwe
Determination	Kusintha
Discovery	Kupezeka
Distant	Wakuti
Exhaustion	Kutopa
Hazards	Zopanda
Language	Chinenero
New	Chatsopano
Perilous	Zoyambira
Quest	Funso
Space	Malo
Terrain	Terrain
To Learn	Kuphunzira
Travel	Ulendo
Unknown	Osadziwa
Wild	Zochitika

Family
Banja

Ancestor	Makolo
Aunt	Aunt
Brother	M'Bale
Child	Mwana
Childhood	Uwana
Children	Ana
Cousin	Mzala
Daughter	Mbuti
Father	Atate
Grandfather	Agogo
Grandson	Mzukulu
Husband	Mwamuna
Maternal	Amayi
Mother	Mayi
Nephew	Mbuya
Niece	Nice
Paternal	Bambo
Sister	Sister
Uncle	Malume
Wife	Mkazi

Farm #1
Famu #1

Agriculture	Ulimi
Bee	Bee
Bison	Bison
Cat	Cat
Chicken	Nkhuku
Cow	Ng'Ombe
Crow	Khwangwala
Dog	Galu
Donkey	Bulu
Fence	Mpanda
Fertilizer	Fertilizer
Field	Malo
Flock	Gulu
Goat	Mbuzi
Hay	Hay
Honey	Uchi
Horse	Hatchi
Rice	Mpunga
Seeds	Mbewu
Water	Madzi

Farm #2
Famu #2

Animals	Nyama
Barley	Baley
Barn	Barn
Beehive	Beehive
Corn	Chimanga
Duck	Bakha
Farmer	Mlimi
Food	Chakudya
Fruit	Chipatso
Irrigation	Kuthirira
Llama	Llama
Meadow	Madzulo
Milk	Mkaka
Orchard	Orchard
Sheep	Nkhosa
Shepherd	M'Busa
Tractor	Talakala
Vegetable	Masamba
Wheat	Tirigu
Windmill	Windmill

Fashion
Mafashoni

Boutique	Boutique
Buttons	Mabutani
Clothing	Zovala
Comfortable	Wabwino
Elegant	Zakhalidwe
Embroidery	Embroidery
Expensive	Ndalama
Fabric	Ntchito
Lace	Lace
Measurements	Miyezo
Minimalist	Minimalist
Modern	Zamodzi
Modest	Wonse
Original	Zoyambira
Pattern	Chitsanzo
Simple	Zopeza
Sophisticated	Zophunzitsa
Style	Mtengo
Texture	Zoyenera
Trend	Zochitika

Flowers
Maluwa

Bouquet	Bouquet
Clover	Clover
Daisy	Daisy
Dandelion	Dandelion
Gardenia	Gardenia
Hibiscus	Hibiscus
Jasmine	Jasmine
Lavender	Laveder
Lilac	Lilac
Lily	Lily
Magnolia	Magnolia
Orchid	Orchid
Peony	Peoni
Petal	Petal
Plumeria	Plumeria
Poppy	Poppy
Rose	Rose
Sunflower	Mpendadzuwa
Tulip	Tulipi

Food #1
Chakudya #1

Apricot	Apurikoti
Barley	Baley
Basil	Basil
Carrot	Karoti
Cinnamon	Chinnamoni
Garlic	Adyo
Juice	Mtundu
Lemon	Mandimu
Milk	Mkaka
Onion	Anyezi
Peanut	Peanut
Pear	Peyala
Salad	Salad
Salt	Mchere
Soup	Msuu
Spinach	Sipinachi
Strawberry	Sitiroberi
Sugar	Shukuka
Tuna	Tuna
Turnip	Turnip

Food #2
Chakudya #2

Apple	Apulosi
Artichoke	Atitchoku
Banana	Nthochi
Broccoli	Burokoli
Celery	Selari
Cheese	Cheese
Cherry	Tcheri
Chicken	Nkhuku
Chocolate	Chokoleti
Egg	Egg
Eggplant	Biringanya
Fish	Nsomba
Grape	Mphatso
Ham	Nkhosa
Kiwi	Kiwi
Mushroom	Bowa
Rice	Mpunga
Tomato	Tomato
Wheat	Tirigu
Yogurt	Yogurt

Fruit
Chipatso

Apple	Apulosi
Apricot	Apurikoti
Banana	Nthochi
Berry	Berry
Cherry	Tcheri
Coconut	Kokonati
Fig	Chith
Grape	Mphatso
Guava	Guava
Kiwi	Kiwi
Lemon	Mandimu
Mango	Mango
Melon	Vwende
Nectarine	Nectarine
Orange	Lalanje
Papaya	Papaya
Peach	Pichesi
Pear	Peyala
Pineapple	Chinanazi
Raspberry	Rasipiberi

Garden
Munda

Bench	Benchi
Bush	Bush
Fence	Mpanda
Flower	Luwa
Garage	Garage
Garden	Munda
Grass	Grass
Hammock	Hammock
Hose	Hose
Lawn	Lawn
Orchard	Orchard
Pond	Pond
Porch	Khonde
Rake	Rake
Shovel	Phofu
Terrace	Terrace
Trampoline	Trampoline
Tree	Mtengo
Vine	Vine
Weeds	Mtima

Gardening
Kulima Dimba

Blossom	Blossom
Bouquet	Bouquet
Climate	Khalidwe
Compost	Compost
Container	Container
Dirt	Kuyambira
Edible	Edible
Exotic	Exotic
Floral	Floral
Foliage	Matsamba
Hose	Hose
Leaf	Lefu
Moisture	Chinyewe
Orchard	Orchard
Seasonal	Nyengo
Seeds	Mbewu
Soil	Dowo
Species	Zinsinsi
Water	Madzi

Geography
Geography

Atlas	Atlas
City	City
Continent	Kontenti
Country	Dziko
Elevation	Kukweka
Equator	Equator
Globe	Globe
Hemisphere	Dziko Lapansi
Island	Chiswa
Latitude	Mtima
Longitude	Longitude
Map	Map
Mountain	Phiri
North	North
Region	Chigawo
River	Mtsinje
Sea	Nyanja
South	Kudziwa
Territory	Territory
West	Chakutsopano

Geology
Geology

Acid	Acid
Cavern	Kavern
Continent	Kontenti
Crystals	Zinthu Zinthu
Cycles	Zang'Ono
Earthquake	Chivomezi
Erosion	Kukonoka
Fossil	Fossil
Geyser	Geyser
Lava	Lava
Layer	Layer
Minerals	Minerals
Molten	Wonyengwa
Plateau	Plateau
Quartz	Quartz
Salt	Mchere
Stalactite	Stalactite
Stone	Mwala
Tilt	Tilt
Volcano	Volcano

Geometry
Geometry

Angle	Angelo
Calculation	Kuwerenga
Circle	Circle
Curve	Mipanda
Diameter	Diameter
Dimension	Dimension
Equation	Equation
Height	Kusintha
Horizontal	Zoyenera
Logic	Logic
Mass	Masi
Median	Media
Number	Number
Parallel	Zothandiza
Proportion	Malo
Segment	Segment
Surface	Pamene
Symmetry	Symmetry
Theory	Phunziro
Triangle	Tingatatu

Government
Boma

Citizenship	Nzika
Civil	Civil
Constitution	Malamulo
Democracy	Demokrasi
Discussion	Kambiranani
Dissent	Kusana
Equality	Kulingana
Independence	Kudziyika
Judicial	Oweruza
Justice	Chilungamo
Law	Lamulo
Leader	Mtsogoleri
Liberty	Liberty
Monument	Monument
Nation	Dziko
Peaceful	Wamtendere
Politics	Ndale
Speech	Kulankhula
State	State
Symbol	Chizindikiro

Hair Types
Mitundu Yatsitsi

Bald	Mtanda
Black	Wakuda
Blond	Blondi
Braided	Akulukidwa
Braids	Braids
Brown	Brown
Colored	Colored
Curls	Curls
Curly	Lopotana
Dry	Zama
Gray	Gulu
Long	Utalitali
Shiny	Shiny
Short	Wafupi
Silver	Silver
Soft	Zofewa
Thick	Woyenera
Thin	Woyenda
Wavy	Wavy
White	Woyera

Health and Wellness #1
Thanzi ndi Ubwino #1

Active	Zochitika
Bacteria	Bakteria
Bones	Mafupa
Clinic	Clinic
Doctor	Dokotala
Fracture	Kupanda
Habit	Zochita
Height	Kusintha
Hormones	Mahormone
Hunger	Njala
Injury	Kubulala
Muscles	Minofu
Nerves	Minyewa
Pharmacy	Pharmacy
Reflex	Reflex
Relaxation	Kupula
Skin	Khondo
Therapy	Mankhwala
Treatment	Mankhwala
Virus	Kachilombo

Health and Wellness #2
Thanzi ndi Ubwino #2

Allergy	Malangizo
Anatomy	Anatomy
Blood	Mwazi
Calorie	Kalori
Diet	Zakudya
Disease	Matenda
Energy	Mphamvu
Genetics	Genetics
Headache	Mtima
Hospital	Chipatala
Hygiene	Uchundu
Infection	Kuteteza
Massage	Massage
Mood	Mood
Nutrition	Zoyenera
Recovery	Kuchiritsa
Sleep	Gona
Stress	Kusintha
Vitamin	Vitamin
Weight	Kulemera

Herbalism
Herbalism

Aromatic	Aromatic
Basil	Basil
Beneficial	Zopindutsa
Culinary	Zophunzitsa
Fennel	Fennel
Flavor	Flavour
Flower	Luwa
Garden	Munda
Garlic	Adyo
Green	Zogirira
Ingredient	Ingredient
Lavender	Laveder
Marjoram	Marjoram
Mint	Mint
Oregano	Oregano
Parsley	Parsley
Plant	Zomera
Quality	Ukhalidwe
Rosemary	Rosemary
Saffron	Saffron

Hiking
Kuyenda Maulendo

Animals	Nyama
Boots	Buti
Camping	Nkambi
Cliff	Cliff
Climate	Khalidwe
Guides	Alangizi
Hazards	Zopanda
Heavy	Zolemera
Map	Map
Mountain	Phiri
Nature	Chilengedwe
Orientation	Malangizo
Parks	Mapaka
Preparation	Kukonzekera
Stones	Miyala
Summit	Summit
Sun	Dzuwa
Tired	Watopa
Water	Madzi
Wild	Zochitika

House
Nyumba

Basement	Basement
Broom	Tsache
Curtains	Makatani
Door	Khomo
Fence	Mpanda
Fireplace	Moto
Floor	Upanda
Furniture	Mipambo
Garage	Garage
Garden	Munda
Keys	Mayiko
Kitchen	Kitchen
Lamp	Lamp
Library	Laibulale
Mirror	Mirror
Roof	Tenga
Room	Chipinda
Shower	Shamba
Wall	Mpunga
Window	Window

Human Body
Thupi la Munthu

Ankle	Ankle
Blood	Mwazi
Bones	Mafupa
Brain	Ubongo
Chin	China
Ear	Khutu
Elbow	Chikomo
Face	Nkhope
Finger	Chala
Hand	Dzanja
Head	Mutu
Heart	Mtima
Jaw	Nyaya
Knee	Bondo
Leg	Leg
Mouth	Mwamo
Neck	Khosi
Nose	Mphuno
Shoulder	Mapewa
Skin	Khondo

Jazz
Jazi

Album	Album
Applause	Amawamba
Artist	Artist
Composer	Composer
Composition	Composition
Concert	Concert
Drums	Ng'Oma
Emphasis	Kusintha
Famous	Wodziwika
Favorites	Zokonda
Genre	Mtundu
Improvisation	Kukonza
New	Chatsopano
Old	Akale
Orchestra	Orchestra
Rhythm	Rhythm
Song	Nyimbo
Style	Mtengo
Talent	Talent
Technique	Ntchito

Kitchen
Khitchini

Apron	Apron
Bowl	Mabuku
Chopsticks	Zoti
Cups	Makapu
Food	Chakudya
Forks	Mafunso
Freezer	Zaufulu
Grill	Grill
Jar	Jar
Jug	Jug
Kettle	Kettle
Knives	Mipende
Ladle	Ladle
Napkin	Napkin
Oven	Ovani
Recipe	Mapindu
Refrigerator	Friji
Spices	Zokhudza
Sponge	Sponge
Spoons	Masiponi

Landscapes
Malo

Beach	Beach
Cave	Mphanga
Cliff	Cliff
Cove	Pamodzi
Desert	Chipululu
Geyser	Geyser
Glacier	Glcier
Hill	Pili
Iceberg	Iceberg
Island	Chiswa
Mountain	Phiri
Oasis	Oasis
Peninsula	Peninsula
River	Mtsinje
Sea	Nyanja
Swamp	Nyanjwa
Tundra	Tundra
Valley	Chigwa
Volcano	Volcano
Waterfall	Mathawi

Literature
Zolemba

Analogy	Analogy
Analysis	Kusangalala
Anecdote	Anecdote
Author	Author
Biography	Zamoyo
Comparison	Kufanana
Conclusion	Mawu Otsiriza
Description	Description
Dialogue	Kukambirana
Fiction	Zopeza
Metaphor	Metaphor
Narrator	Wotsiriza
Novel	Noveli
Opinion	Maganizo
Poem	Ndakatulo
Rhyme	Rhyme
Rhythm	Rhythm
Style	Mtengo
Theme	Mutu
Tragedy	Tsoka

Mammals
Nyama Zoyamwitsa

Bear	Nyamulira
Beaver	Beaver
Bull	Ng'Ombe
Cat	Cat
Coyote	Coyote
Dog	Galu
Dolphin	Dolphin
Elephant	Njovu
Fox	Fox
Giraffe	Manila
Gorilla	Gorila
Horse	Hatchi
Kangaroo	Kangaroo
Lion	Mkango
Monkey	Monyo
Rabbit	Kalulu
Sheep	Nkhosa
Whale	Nyamwamba
Wolf	Nkumbu
Zebra	Zebra

Math
Masamu

Angles	Angelo
Arithmetic	Arithmetic
Circumference	Kuzungulira
Decimal	Decimal
Diameter	Diameter
Equation	Equation
Exponent	Exponent
Fraction	Chigawa
Geometry	Geometry
Numbers	Nambari
Parallel	Zothandiza
Parallelogram	Parallogram
Perimeter	Perimeter
Polygon	Polygon
Radius	Radius
Rectangle	Kangani
Square	Square
Symmetry	Symmetry
Triangle	Tingatatu
Volume	Volume

Measurements
Miyeso

Byte	Byte
Centimeter	Centtimeter
Decimal	Decimal
Degree	Digiri
Depth	Kuzama
Gram	Gram
Height	Kusintha
Inch	Inch
Kilogram	Kilogram
Kilometer	Kilometer
Length	Length
Liter	Liter
Mass	Masi
Meter	Meter
Minute	Minute
Ounce	Ounce
Ton	Ton
Volume	Volume
Weight	Kulemera
Width	Kubwirira

Meditation
Kusinkhasinkha

Acceptance	Kulandira
Awake	Gawani
Breathing	Kupuma
Calm	Dziwani Izi
Compassion	Chifundo
Emotions	Zonse
Gratitude	Kuyamikira
Habits	Zochita
Happiness	Chimwemwe
Insight	Kudziwa
Mental	M'Malingaliro
Mind	Malangizo
Movement	Kuyenda
Music	Nyimbo
Nature	Chilengedwe
Peace	Mtendere
Perspective	Kuona
Silence	Chete
Thoughts	Maganizo
To Learn	Kuphunzira

Music
Nyimbo

Album	Album
Ballad	Ballad
Chorus	Chorus
Classical	Classical
Eclectic	Exectic
Improvise	Onani
Instrument	Chiyambi
Lyrical	Lyrical
Melody	Melody
Microphone	Microphone
Musical	Zinyimbo
Musician	Woyimbila
Opera	Opera
Poetic	Ndakatulo
Recording	Kukhalitsa
Rhythm	Rhythm
Sing	Yimbani
Singer	Woyimba
Tempo	Tempo
Vocal	Mawu

Musical Instruments
Zida Zanyimbo

Banjo	Banjo
Bassoon	Bassoon
Cello	Cello
Clarinet	Clarinet
Drum	Drum
Drumsticks	Zokhudza
Flute	Flute
Gong	Gonga
Guitar	Guita
Harmonica	Harmonica
Harp	Harp
Mandolin	Mandolin
Marimba	Marimba
Oboe	Oboe
Percussion	Mankhwala
Piano	Piano
Saxophone	Saxophone
Tambourine	Tambouine
Trumpet	Lipenga
Violin	Violin

Mythology
Nthano

Archetype	Archetype
Behavior	Makhalidwe
Beliefs	Zikhulupiriro
Creature	Chilengedwe
Culture	Chikhalidwe
Deities	Milungu
Disaster	Tsoka
Heaven	Kumwamba
Hero	Hero
Immortality	Kusafa
Jealousy	Nsanje
Labyrinth	Labyrinth
Legend	Legend
Lightning	Mvula
Monster	Chilombo
Mortal	Wamfa
Revenge	Kubweza
Strength	Mphamvu
Thunder	Bingu
Warrior	Wankhondo

Nature
Chilengedwe

Animals	Nyama
Arctic	Arctic
Beauty	Kukongola
Bees	Nyuchi
Clouds	Mitundu
Desert	Chipululu
Erosion	Kukonoka
Fog	Ufungu
Foliage	Matsamba
Forest	Nthango
Glacier	Glcier
Mountains	Mapiri
Peaceful	Wamtendere
River	Mtsinje
Sanctuary	Choyera
Serene	Serene
Shelter	Popanda
Tropical	Tropical
Vital	Zofunika
Wild	Zochitika

Nutrition
Zakudya Zopatsa Thanzi

Balanced	Zolingalira
Bitter	Zowawa
Calories	Makalori
Cereals	Zere
Choices	Zosankha
Diet	Zakudya
Edible	Edible
Fermentation	Kuwiritsa
Flavor	Flavour
Habits	Zochita
Health	Umoyo
Liquids	Zimenezi
Nutrient	Zothandiza
Proteins	Zopita
Quality	Ukhalidwe
Sauce	Msuu
Spices	Zokhudza
Toxin	Poxin
Vitamin	Vitamin
Weight	Kulemera

Pets
Ziweto

Cat	Cat
Claws	Zikongo
Collar	Koola
Cow	Ng'Ombe
Dog	Galu
Fish	Nsomba
Food	Chakudya
Goat	Mbuzi
Hamster	Hamster
Kitten	Kitten
Lizard	Lizard
Mouse	Mbewa
Parrot	Parrot
Puppy	Wanawe
Rabbit	Kalulu
Tail	Mchira
Turtle	Akamba
Veterinarian	Akanyamata
Water	Madzi

Photography
Kujambula

Black	Wakuda
Camera	Kamera
Color	Color
Composition	Composition
Contrast	Kusintha
Darkness	Mdima
Definition	Tanthauzo
Exhibition	Chisonyezo
Format	Format
Frame	Frame
Lighting	Kuwirira
Object	Chinthu
Perspective	Kuona
Portrait	Chithunzi
Shadows	Mithunzi
Soften	Kufwiritsa
Subject	Phunziro
Texture	Zoyenera
View	Onani
Visual	Zooneka

Physics
Physics

Atom	Atom
Chaos	Chisokonezo
Chemical	Chemical
Density	Kuchuluka
Electron	Elektron
Engine	Engine
Expansion	Kukula
Formula	Formula
Frequency	Frequency
Gas	Gesi
Magnetism	Magnetism
Mass	Masi
Mechanics	Zambiri
Molecule	Molekukulu
Nuclear	Nuclear
Particle	Phunziro
Relativity	Chibale
Speed	Liwiro
Universal	Universal
Velocity	Velocity

Plants
Zomera

Bamboo	Bambo
Bean	Nyemba
Berry	Berry
Blossom	Blossom
Botany	Botany
Bush	Bush
Cactus	Cactus
Fertilizer	Fertilizer
Flora	Flora
Flower	Luwa
Foliage	Matsamba
Forest	Nthango
Garden	Munda
Grass	Grass
Ivy	Ivy
Moss	Moss
Petal	Petal
Root	Muzu
Tree	Mtengo
Vegetation	Zomera

Professions #1
Ntchito #1

Ambassador	Ambassador
Astronomer	Wanyamata
Attorney	Woyamba
Banker	Banker
Cartographer	Katographer
Coach	Mphunzitsi
Dancer	Wovinsa
Doctor	Dokotala
Editor	Mkonzi
Hunter	Hunter
Jeweler	Zoyang'Anira
Musician	Woyimbila
Nurse	Namene
Pharmacist	Wa Pharmacist
Pianist	Wapianiyo
Plumber	Plumber
Sailor	Woyera
Scientist	Wasayansi
Tailor	Tailor
Veterinarian	Akanyamata

Professions #2
Ntchito #2

Astronaut	Astronaut
Chemist	Chemist
Dentist	Dentist
Detective	Wodziwa
Engineer	Engineer
Farmer	Mlimi
Illustrator	Zithunzi
Inventor	Insventor
Journalist	Mtolankhani
Linguist	Zinthu
Painter	Painter
Philosopher	Wanzeru
Photographer	Wozithunzitsa
Physician	Ngwana
Pilot	Woyambira
Politician	Wandale
Professor	Pulofesa
Publisher	Wophunzitsa
Researcher	Wofufuza
Teacher	Mphunzitsi

Psychology
Psychology

Appointment	Kukhala
Assessment	Kuyesa
Behavior	Makhalidwe
Childhood	Uwana
Clinical	Clinical
Cognition	Kudziwa
Conflict	Kusangana
Dreams	Maloto
Ego	Ego
Experiences	Zochitika
Ideas	Malangizo
Influences	Zokhudza
Memories	Kumbukumbu
Personality	Munthu
Problem	Vuto
Reality	Zoona
Sensation	Zonse
Subconscious	Subconscious
Therapy	Mankhwala
Thoughts	Maganizo

Rainforest
Nkhalango Yamvula

Amphibians	Amaphiban
Birds	Zinthu Zinthu
Climate	Khalidwe
Clouds	Mitundu
Community	Anthu
Diversity	Kusiyana
Indigenous	Achimwenye
Insects	Tizinyamata
Jungle	Jungle
Mammals	Nyama Zoyamba
Moss	Moss
Nature	Chilengedwe
Preservation	Kutetezeka
Refuge	Popanda
Respect	Ulemu
Restoration	Kubweretsa
Species	Zinsinsi
Survival	Kupulumuka
Valuable	Wamtengo

Restaurant #1
Malo Odyera #1

Allergy	Malangizo
Bowl	Mabuku
Bread	Mkate
Cashier	Casher
Chicken	Nkhuku
Coffee	Khofi
Dessert	Zotsatira
Food	Chakudya
Ingredients	Zothandiza
Kitchen	Kitchen
Knife	Mpende
Meat	Nyama
Menu	Menu
Napkin	Napkin
Plate	Mbale
Reservation	Kubweretsa
Sauce	Msuu
Spicy	Zokhudza
Waitress	Waitress

Science
Sayansi

Atom	Atom
Chemical	Chemical
Climate	Khalidwe
Data	Data
Evolution	Kusintha
Experiment	Kuyesa
Fact	Zoona
Fossil	Fossil
Gravity	Zokokera
Hypothesis	Zinthu Zonse
Laboratory	Laboratori
Method	Njira
Minerals	Minerals
Molecules	Masomphenya
Nature	Chilengedwe
Organism	Zamodzi
Particles	Zinthu
Physics	Fizisi
Plants	Zomera
Scientist	Wasayansi

Science Fiction
Zopeka Zasayansi

Books	Mabuku
Chemicals	Mankhwala
Cinema	Cinema
Clones	Cones
Distant	Wakuti
Dystopia	Dystopia
Explosion	Kupuka
Extreme	Kwambiri
Fire	Moto
Futuristic	Futuristi
Galaxy	Galaxy
Illusion	Chipembedzo
Imaginary	Zoganizira
Mysterious	Zachinsinsi
Oracle	Oracle
Planet	Planet
Robots	Maroboti
Technology	Teknolojia
Utopia	Utopia
World	Dziko

Scientific Disciplines
Maphunziro a Sayansi

Anatomy	Anatomy
Astronomy	Nyakuti
Biochemistry	Biochemistry
Biology	Bayology
Botany	Botany
Chemistry	Chemistry
Ecology	Ekology
Geology	Geolojia
Kinesiology	Kinesiolojia
Linguistics	Zinthu Zina
Mechanics	Zambiri
Meteorology	Meteorolojia
Mineralogy	Mineralogy
Nutrition	Zoyenera
Physics	Fizisi
Physiology	Fisiolojia
Psychology	Masikoloji
Robotics	Maroboti
Sociology	Zasociolojia
Zoology	Zology

Shapes
Maonekedwe

Arc	Arc
Circle	Circle
Cone	Cone
Corner	Kona
Cube	Cube
Curve	Mipanda
Cylinder	Cylinder
Edges	M'Mphepete
Ellipse	Ellipse
Hyperbola	Hyperbola
Line	Line
Oval	Oval
Polygon	Polygon
Prism	Prism
Pyramid	Pyramid
Rectangle	Kangani
Round	Zochita
Side	Malo
Square	Square
Triangle	Tingatatu

Spices
Zonunkhira

Anise	Anise
Bitter	Zowawa
Cardamom	Cardamom
Cinnamon	Chinnamoni
Clove	Kalove
Coriander	Coriander
Cumin	Cumin
Curry	Curry
Fennel	Fennel
Fenugreek	Fenugreek
Flavor	Flavour
Garlic	Adyo
Ginger	Ntchito
Licorice	Licorice
Onion	Anyezi
Paprika	Paprika
Saffron	Saffron
Salt	Mchere
Sweet	Okoma
Vanilla	Vanila

Sport
Masewera

Ability	Kutha
Athlete	Wophunzitsa
Body	Thupi
Bones	Mafupa
Coach	Mphunzitsi
Cycling	Panjinga
Dancing	Kuvina
Diet	Zakudya
Endurance	Kupirira
Goal	Cholinga
Health	Umoyo
Jogging	Jogging
Maximize	Kulimbikitsa
Metabolic	Metabolic
Muscles	Minofu
Nutrition	Zoyenera
Program	Program
Sports	Maseko
Strength	Mphamvu
Stretching	Kuwononga

Technology
Zamakono

Blog	Blog
Browser	Browser
Bytes	Bytes
Camera	Kamera
Computer	Kompyuta
Cursor	Cursor
Data	Data
Digital	Digital
Display	Onerani
File	File
Internet	Intaneti
Message	Uthenga
Research	Fufuzani
Screen	Screen
Security	Chitetezo
Software	Software
Statistics	Zinthu Zonse
Virtual	Virtual
Virus	Kachilombo

The Company
Kampaniyo

Business	Bizinesi
Creative	Zolenga
Decision	Gawo
Employment	Ntchito
Global	Global
Industry	Industry
Innovative	Zophunzitsa
Investment	Ndondomeko
Possibility	Zochitika
Presentation	Chikhalidwe
Product	Product
Professional	Wakhalidwe
Progress	Kupembedzera
Quality	Ukhalidwe
Reputation	Mbiri
Resources	Zambiri
Revenue	Ndalama
Risks	Zochita
Units	Malangizo
Wages	Malipiro

The Media
Media

Advertisements	Zolenga
Attitudes	Makhalidwe
Commercial	Ntchito
Communication	Kulankhulana
Digital	Digital
Edition	Edition
Education	Maphunziro
Facts	Zochitika
Funding	Ndalama
Industry	Industry
Intellectual	Walundulu
Local	Malo
Network	Network
Newspapers	Magazini
Online	Pa Intaneti
Opinion	Maganizo
Photos	Zithunzi
Public	Anthu
Radio	Wayilesi
Television	Watv

Time
Nthawi

Annual	Chaaka
Before	M'Mbuyomu
Calendar	Kalenda
Century	Zaka Zaka
Clock	Wachi
Day	Tsiku
Decade	Decade
Early	Poyamba
Future	Tsogolo
Hour	Hour
Minute	Minute
Month	Mwezi
Morning	M'Mawa
Night	Usiku
Noon	Masiku
Now	Tsopano
Soon	Posachedwapa
Today	Lero
Week	Mlungu
Year	Chaka

Town
Town

Airport	Ndege
Bakery	Bakery
Bank	Bank
Bookstore	Mabuku
Cinema	Cinema
Clinic	Clinic
Florist	Florist
Gallery	Gallery
Hotel	Hotelo
Library	Laibulale
Market	Msika
Museum	Museum
Pharmacy	Pharmacy
School	Sukulu
Stadium	Stadium
Store	Store
Supermarket	Supamaketi
Theater	Semenero
University	Univesite
Zoo	Zoo

Universe
Chilengedwe

Asteroid	Asteroid
Astronomer	Wanyamata
Astronomy	Nyakuti
Atmosphere	Mtima
Celestial	Zamwamba
Darkness	Mdima
Equator	Equator
Galaxy	Galaxy
Hemisphere	Dziko Lapansi
Horizon	Horizon
Longitude	Longitude
Moon	Mwezi
Orbit	Malo
Sky	Sky
Solar	Solar
Solstice	Soolstice
Telescope	Telesikopu
Tilt	Tilt
Visible	Zooneka
Zodiac	Zodiac

Vacation #2
Tchuthi #2

Airport	Ndege
Beach	Beach
Camping	Nkambi
Destination	Komanso
Foreign	Wachinja
Foreigner	Wa Ntchito
Hotel	Hotelo
Island	Chiswa
Journey	Ulendo
Leisure	Zochita
Map	Map
Mountains	Mapiri
Passport	Passport
Restaurant	Restaurant
Sea	Nyanja
Taxi	Taxi
Tent	Tenta
Train	Phunzitsi
Transportation	Mayendedwe
Visa	Visa

Vegetables
Masamba

Artichoke	Atitchoku
Broccoli	Burokoli
Carrot	Karoti
Cauliflower	Kolifulawa
Celery	Selari
Cucumber	Mkhaka
Eggplant	Biringanya
Garlic	Adyo
Ginger	Ntchito
Mushroom	Bowa
Olive	Wazikuti
Onion	Anyezi
Parsley	Parsley
Pea	Pea
Pumpkin	Mazungu
Radish	Radishi
Salad	Salad
Spinach	Sipinachi
Tomato	Tomato
Turnip	Turnip

Vehicles
Magalimoto

Airplane	Ndege
Ambulance	Ambulansi
Bicycle	Njinga
Boat	Boat
Bus	Basi
Car	Galimoto
Caravan	Caravan
Engine	Engine
Ferry	Bwalo
Helicopter	Helikopita
Motor	Motor
Raft	Raft
Rocket	Rocket
Scooter	Scooter
Shuttle	Shuttle
Taxi	Taxi
Tires	Matayari
Tractor	Talakala
Train	Phunzitsi
Truck	Trick

Visual Arts
Zojambula Zojambula

Architecture	Architecture
Artist	Artist
Chalk	Chakuka
Charcoal	Makala
Clay	Dongo
Composition	Composition
Creativity	Kulenga
Easel	Easel
Film	Film
Masterpiece	Chaluso
Painting	Kupanda
Pen	Pen
Pencil	Pensi
Perspective	Kuona
Photograph	Zithunzi
Portrait	Chithunzi
Pottery	Ombimba
Sculpture	Chikongo
Stencil	Stencil
Wax	Wax

Water
Madzi

Canal	Ngano
Drinkable	Zomwetsa
Evaporation	Kufuka
Flood	Chigumula
Frost	Frost
Geyser	Geyser
Humidity	Chinyevu
Hurricane	Mkulu Wamkulu
Ice	Ice
Irrigation	Kuthirira
Lake	Nyanja
Moisture	Chinyewe
Monsoon	Monso
Rain	Mvula
River	Mtsinje
Shower	Shamba
Snow	Chisanu
Steam	Steam
Stream	Masamba
Waves	Mafunde

Weather
Nyengo

Atmosphere	Mtima
Calm	Dziwani Izi
Climate	Khalidwe
Cloud	Mtambo
Drought	Chilala
Dry	Yaumitsa
Fog	Ufungu
Hurricane	Mkulu Wamkulu
Ice	Ice
Lightning	Mvula
Monsoon	Monso
Polar	Polar
Rainbow	Utawaleza
Sky	Sky
Storm	Mphepo
Temperature	Kuchuluka
Thunder	Bingu
Tornado	Tornado
Tropical	Tropical
Wind	Mphepo

Congratulations

You made it!

We hope you enjoyed this book as much as we enjoyed making it. We do our best to make high quality games.
These puzzles are designed in a clever way for you to learn actively while having fun!

Did you love them?

A Simple Request

Our books exist thanks your reviews. Could you help us by leaving one now?

Here is a short link which will take you to your order review page:

BestBooksActivity.com/Review50

MONSTER CHALLENGE!

Challenge #1

Ready for Your Bonus Game? We use them all the time but they are not so easy to find. Here are **Synonyms**!

Note 5 words you discovered in each of the Puzzles noted below (#21, #36, #76) and try to find 2 synonyms for each word.

Note 5 Words from *Puzzle 21*

Words	Synonym 1	Synonym 2

Note 5 Words from *Puzzle 36*

Words	Synonym 1	Synonym 2

Note 5 Words from *Puzzle 76*

Words	Synonym 1	Synonym 2

Challenge #2

Now that you are warmed-up, note 5 words you discovered in each Puzzle
noted below (#9, #17, #25) and try to find 2 antonyms for each word.
How many lines can you do in 20 minutes?

*Note 5 Words from **Puzzle 9***

Words	Antonym 1	Antonym 2

*Note 5 Words from **Puzzle 17***

Words	Antonym 1	Antonym 2

*Note 5 Words from **Puzzle 25***

Words	Antonym 1	Antonym 2

Challenge #3

Wonderful, this monster challenge is nothing to you!

Ready for the last one? Choose your 10 favorite words discovered in any of the Puzzles and note them below.

1.	6.
2.	7.
3.	8.
4.	9.
5.	10.

Now, using these words and within a maximum of six sentences, your challenge is to compose a text about a person, animal or place that you love!

Tip: You can use the last blank page of this book as a draft!

Your Writing:

Explore a Unique Store
Set Up **FOR YOU!**

NOTEBOOK:

SEE YOU SOON!

Linguas Classics Team

BESTACTIVITYBOOKS.COM/FREEGAMES

www.ingramcontent.com/pod-product-compliance
Lightning Source LLC
Chambersburg PA
CBHW082148120626
46553CB00010B/2822